我国农产品营销渠道变迁机理研究

孙大鹏 著

东北财经大学出版社
Dongbei University of Finance & Economics Press
大连

图书在版编目（CIP）数据

我国农产品营销渠道变迁机理研究 / 孙大鹏著. —大连：东北财经大学出版社，2025.4. —ISBN 978-7-5654-5616-9

Ⅰ. F724.72

中国国家版本馆CIP数据核字第20259L3F46号

东北财经大学出版社出版发行

大连市黑石礁尖山街217号　邮政编码　116025

网　　址：http://www.dufep.cn

读者信箱：dufep@dufe.edu.cn

大连图腾彩色印刷有限公司印刷

幅面尺寸：170mm×240mm　字数：154千字　印张：12

2025年4月第1版　　2025年4月第1次印刷

责任编辑：李　季　　责任校对：何　群

封面设计：张智波　　版式设计：原　皓

定价：69.00元

教学支持　售后服务　联系电话：（0411）84710309

如有印装质量问题，请联系营销部：（0411）84710711

前言

农业是国民经济的基础，它关系到国家安全及百姓的生活，国家的发展离不开农业的发展，国家的现代化离不开农业的现代化。党的二十大明确提出“构建新发展格局”的战略部署，强调“增强国内大循环内生动力和可靠性”。在此背景下，农产品营销渠道作为连接生产与消费的关键纽带，其变革直接关系着农业供给侧结构性改革的深化。因此，研究农产品营销渠道的形成与变迁具有理论与现实意义。本书主要内容如下：

第一，界定了农产品营销渠道的制度内涵，指出农产品营销变迁问题的实质是一种制度变迁，并从制度变迁的三个层面梳理了相关文献，包括农产品营销渠道的影响因素、变迁机理、路径和变迁趋势。其中营销渠道的影响因素即为制度变迁之前的静态均衡；变迁机理方面重点论述了制度均衡从哪些方面被打破；变迁路径和趋势讨论的则是新的制度均衡是如何建立起来的。

第二，使用拓展的“政治-经济”框架分析我国农产品营销渠道的静态制度均衡。在考察了我国农产品营销渠道的历史沿革以及现存的问题之后，本研究遵从制度变迁的逻辑，借用并拓展了在营销渠道研究中广为运用的“政治-经济”分析框架。这一框架从政治要素和经济要素两方面描述了农产品营销渠道的静态制度均衡。本研究的“拓展”体现在将技术和需求要素纳入“政治-经济”框架之中，并延续经典框架的逻辑，进一步讨论了政治和经济内部要素和外部要素相互作用的机理。研究发现，我国渠道内外政治要素互动的机理体现在渠道监管的成本最小化过程中。公共部门在监管治理渠道过程中寻求更低成本的“抓手”，因而赋予了特定渠道主体由公共政策所提供的渠道权力，进而引领营销渠道的变迁；渠道内外经济要素互动方面，外部经济要素包括了渠道的水平和垂直市场状况，它们对渠道内的生产成本和交易成本都有显著的影响力。根据经济化模型，营销渠道是朝着生产交易总成本最低变迁的。最后，本研究将农业技术发展研究中的技术进步模型进行改造，提出农产品营销渠道的需求-技术影响模型，阐明了当消费者需求要素发生改变，营销渠道中的生产和运销环节引发了不同类型的技术投入，为避免技术投入带来的专用性资产套牢，最终推动营销渠道变迁。

第三，总结提出农产品营销渠道的诱致性变迁与强制性变迁路径。基于新制度经济学的制度变迁理论视角，结合辽宁省CT市玉米临储政策调整后的农产品营销渠道变迁案例，本研究认为“诱致性”和“强制性”代表了两种典型的渠道再均衡路径。旧制度均衡的打破意味着制度选择集和相对价格的改变，从而引发新的获利机会并带来制度变迁驱动力。一方面，CT市的胡萝卜营销渠道变迁有许多诱致性变迁的特征，这个过程培育的新兴渠道具备良好的竞争力和发展前景，但由于诱致性制度创新具有外部性，搭便车行为会造成有效制度供给不足；另一方面，CT市的地瓜产业转型则带有鲜明的政策导向，因而渠道转型速度更快。在强制性路径下，变迁受外部监管力、领导力的主导。但由于决策的有限理性等因素，渠道变迁可能面临非效率。本研究主张，农产品营销渠道的变迁应当由强制性制度变迁补充诱致性变迁的有效供给不足，即诱致性与强制性变迁协同的良性模式。最后，根据农产品营销渠道变迁的机理，未来的营销渠道向着多元化、规模化、两极化的方向发展。

第四，提出了完善农产品营销渠道的政策建议。基于主要研究结论，本研究认为应从四方面支持、引导农产品营销渠道的发展变迁：以市场为基础发展农产品营销渠道，以政策为支撑完善农产品营销渠道，以技术为核心优化农产品营销渠道，以需求为导向创新农产品营销渠道。保障力量方面，本研究认为公共部门应更加重视对农产品营销渠道的基础投入，培养适应新环境的营销人才，推出鼓励营销渠道规模化、产业化、网络化的政策。

本书的创新之处在于，首先，采用制度变迁的视角分析我国农产品营销渠道的变迁问题，将静态的“政治-经济”框架加以运用并拓展，补充了内外政治要素、内外经济要素之间的作用机理，强调了公共政策对渠道变迁所起到的至关重要的作用；其次，将技术进步这一重要但并未充分论述的变迁要素加以深挖，以经典的农业技术变迁模型为基础加以创新，构建了中国农产品营销渠道的生产技术效率模型和流通技术效率模型，阐释了技术进步驱动渠道变迁的微观机理；最后，基于现实案例总结分析了农产品营销渠道变迁的两种典型路径，分析了诱致性变迁与强制性变迁的特点，认为协同变迁更具效率。

孙大鹏

2025年2月

目　录

1 绪论

1.1　研究缘起与研究问题

党的二十大明确提出“构建新发展格局”的战略部署，强调“增强国内大循环内生动力和可靠性”。在此背景下，农产品营销渠道作为连接生产与消费的关键纽带，其变革直接关系着农业供给侧结构性改革的深化进程。从渠道变革的供给端（可能性）看，当前全球正处于数字经济深度重构传统产业的变革周期，农业产业领域正经历着“技术-组织-制度”的三维嬗变[①]。当前，我国已形成“原产地直供+社群营销”为特征的新型渠道网络，呼应了党的二十届三中全会提出的“发展数字贸易”的强国战略。而区块链溯源技术、智能冷链物流、直播电商等新业态的兴起，不仅改变了交易场景，更推动了营销渠道权力结构的重塑。相应地，从渠道变革的需求端（必要性）看，党的二十大报告进一步提出“建设高效顺畅的流通体系”的要求，凸显出在城乡融合发展加速、消费结构持续升级的态势下，传统农产品销售的模式已难以适应市场需求结构的变化。2023年中国社会物流总费用占GDP比重为14.4%，这表明我国农产品营销渠道的变革具有显著的现实必要性。农产品营销渠道的变迁研究本质上是观察中国式现代化在农产品营销领域的具体实践。这个多维度的变革过程，既包含着技术创新引发的效率革命，也承载着制度变革带来的结构优化，更映射出新发展理念在“三农”领域的落地。在百年变局加速演进的时代背景下，深化此领域研究对于畅通国民经济循环、保障粮食安全、促进农民增收具有重要的理论与现实意义，更是贯彻落实党的二十大精神、推动农业高质量发展的必然要求。

本研究的核心问题是农产品营销渠道这一结构的形成与变迁。这一问题乃是经过若干年对农村、农业及农产品流通领域的观察和归纳形成的观点汇

① 本研究更加强调制度的演变。

集而成。在国内外学界、政界以及普通百姓的观点中已经形成了一种共识：一个国家的发展离不开农业的发展，一个国家的现代化离不开农业的现代化。因此，选择与农业相关的研究方向，尤其是农产品流通这一连接农业生产与农产品消费的重要领域，不仅是本研究长期以来的研究兴趣所在，也具备相当的现实意义。本研究的发端是对于农产品营销领域中若干现实问题的观察与感性思考。其中，第一个问题是：为何我国的农产品营销渠道呈现如此多元化的特征？从零售端来看，农贸市场、批发市场、超市、蔬菜水果社区店，甚至街边停靠的大车都能买到农产品，而每种零售业态的进货渠道又千差万别，上游批发商、个体的农产品经纪人、产地直送、自营的生产基地等等。农产品从生产到消费的过程仿佛一张复杂而混乱的网，同时这张网也并非一成不变，而是经常处于变动之中。事实上，学术领域和大众媒体都对这种多元化的模式，以及它所展示的绩效感到不满意，而渠道中的主体也是如此，农民认为种地不赚钱，消费者认为菜价又贵又不稳定，甚至中间商也在诉苦。那么这样的多元化的农产品营销渠道究竟在改革开放后的四十多年是如何形成的？它的存在也许并不理想，但一定有其合理的一面，合理在哪？它究竟匹配了我国政治、经济、技术因素的哪些方面？这些外部因素又如何影响了农产品营销渠道在经营过程中的具体实践呢？

此外，农产品营销渠道是不断变化的，从身边的例子便可以看出——若干年前在城市周边总有各种农副产品的生产主体，如市郊的养殖场、奶牛场等，但近些年来都渐渐消失不见，而人们购买农产品的地点选择随着时间的流逝而越发丰富起来，以前人们只能从早、夜市买到农产品，而现今的社区菜店、超市、电商平台乃至短视频直播都成为了传统农贸市场的替代品。因此，本研究的第二个问题是：农产品营销渠道是如何变化的，这种变化遵循着什么样的规律？而具体到我国，渠道变迁的动力显然不可能完全是自然自发的，公共部门在其中一定扮演着重要的角色。上升到理论高度来说，我国农产品流通体系的异质性特征及其政府-市场双重驱动力的变迁机制，构成了观察农业现代化的核心视角。因此，本研究的另一个主题便是探讨农产品营销渠道的变迁机理，而将营销渠道的"政治-经济"分析框架纳入诱致性变迁与强制性变迁的视角中也是本研究的一个尝试。

本书的章节安排如下：

第1章为"绪论"。这章首先介绍了本研究的研究缘起和研究问题，并论述了研究农产品营销渠道变迁问题的理论和现实意义；接下来介绍了为研究该问题所采用的研究方法：文献法、访谈法和参与观察法；最后重点强调了本研究的理论贡献所在，即借鉴并整合了斯特恩和里弗（Stern and Reve）关于营销渠道影响因素的分析框架和新制度经济学关于制度变迁的相应理论，从内外政治要素之间的关系、技术-需求要素影响的机理方面拓展了"政治-经济"分析框架，而且将农产品营销渠道的变迁视为一种制度变迁，从而提出这一渠道的变迁符合诱致性与强制性制度变迁协同的逻辑。

第2章为"农产品营销渠道的文献综述"。这章是本研究的文献基础，从界定农产品、农产品营销渠道、农产品营销渠道的变迁入手，点明了研究的实质是分析一种特殊的制度变迁；此后对农产品营销渠道变迁的相关文献梳理也同样按照这个思路进行，将已有的相关文献划分为三个部分：研究农产品营销渠道影响因素的文献（制度均衡）、研究农产品营销渠道变迁机理的文献（均衡被打破）、研究农产品营销渠道变迁路径及趋势的文献（新的制度均衡）；最后对上述文献进行述评，以引出本研究应当避免的问题以及理论创新的线索。

第3章为"农产品营销渠道的变迁历程及现状概述"。研究一种制度的变迁过程，对其历史发展的考据和总结必不可少。本章对新中国成立后我国的农产品营销渠道变迁历程进行了梳理，按照农产品营销渠道所嵌入的宏观经济制度划分为计划经济时期、转轨经济时期、双轨制时期、市场化改革时期以及全面深化改革时期。对历史梳理有助于解释现实，接下来本研究描述了当代中国农产品营销渠道的发展现状和存在的问题，同时也是在进行理论分析之前将渠道的宏观状态展示给读者。

第4章为“拓展的‘政治-经济’分析框架”。从该章开始，本研究对我国农产品营销渠道的变迁问题展开了正式论述。拓展的“政治-经济”分析框架是本研究的核心视角，用于分析农产品营销渠道作为一种制度，其制度均衡是如何建立起来的。首先，本章介绍了在营销渠道理论中广为采用的研究视角——“政治-经济”分析框架，并对其进行了评述，发现该框架尚存在一些理论的缺环，包括外部政治、外部经济要素影响营销渠道的机理，以及对技术要素和需求要素的忽略；之后本研究对“政治-经济”分析框架进行了拓展，详细阐述了外部经济要素对渠道的影响机理、外部政治要素对渠道的影响机理、技术要素和需求要素对渠道的影响机理。最终形成了较以往“政治-经济”框架相比更为完善的农产品营销渠道制度均衡的分析框架。

第5章为“农产品营销渠道变迁的作用机理”。这一章在前文静态制度均衡（即拓展的“政治-经济”分析框架）基础上，分析农产品营销渠道的制度均衡是如何被打破的。本研究分别介绍了外部政治要素（公共政策）、内部政治要素（渠道权力）、外部经济要素（垂直与水平市场）、内部经济要素（交易与生产成本）、技术与需求要素的改变如何导致了农产品营销渠道变迁。特别是政治要素维度中公共政策造成的渠道权力转移、经济要素维度中市场结构的改变导致了交易与生产成本变化、需求要素导致技术进步（速水佑次郎（Yujiro Hayami）和弗农·拉坦（Vernon Ruttan）农业技术创新模型的应用）三者成为了打破农产品营销渠道制度均衡的“三把斧子”。

第6章为“农产品营销渠道的变迁路径和趋势”。这一章在前文研究动态制度均衡打破机理的基础上，分析了重新回归制度均衡的两种路径——诱致性变迁路径与强制性变迁路径。农产品营销渠道形成新的制度均衡如果以内外经济要素、需求和技术要素作为驱动力时，渠道的变迁呈现出诱致性变迁的特征，本研究分析了此时变迁的成因和效应；与此同时，如果新的制度均衡是以内外政治要素作为驱动力时，变迁呈现出强制性变迁的特征，本研究同样加以分析其成因及效应。接下来，通过实地访谈和参与观察所归纳出的两个经典案例，对两种变迁路径的机理和效果进行了辅证并得出有效的制度变迁需要诱致性与强制性变迁协同的结论。最后，根据政治要素、经济要素、技术-需求要素三者的变迁驱动机理，预测了未来我国农产品营销渠道的发展趋势，即渠道会朝向怎样的新制度均衡变迁。

第7章为"完善农产品营销渠道的政策建议"。通过前文的论述，我们已经知道在当前中国引发农产品营销渠道的变迁的最根本性的因素为外部政治因素，即各项公共政策。因此，本章将对如何完善我国农产品营销渠道提出相应的政策建议，分别是以市场为基础发展农产品营销渠道，以政策为支撑完善农产品营销渠道，以技术为核心优化农产品营销渠道，以需求为导向创新农产品营销渠道。

第8章为"结论与不足"。本章将在对前文进行总结论述的基础上，客观地提出本研究的局限性并对未来研究进行展望。

1.2 研究意义

1.2.1 理论意义

农产品营销渠道的理论研究可分为两类：一类是以个别企业为导向，关注企业为了营销产品必须探讨具体的渠道策略及其与相关机构的关系。例如，如何降低流通费用、如何避免机会主义行为、如何协调利益主体之间的关系等。另一类是从宏观角度研究农产品营销渠道的问题，关注流通渠道的主体特征、渠道结构的构成及影响因素、研究渠道纵向一体化等。这种研究往往采用交易费用及不完全合约理论作为理论支撑。现有的第二种范式在国内的应用或集中在某种农产品品种上，如蔬菜、肉类、乳业等，或集中某一地区研究当地的农产品流通结构，所采用的理论也比较分散。

本书以中国农产品营销渠道整体为研究对象，以现代营销学的渠道理论、新制度经济学、新结构经济学为理论研究的基础，研究我国农产品营销渠道形成及变迁的机理。在研究我国农产品营销渠道形成的机理中，本研究拓展了“政治-经济”分析框架，将外部因素增加了技术要素的影响，同时将公共政策作为主要的外部政治因素。在内部要素的论述中，由于农产品营销渠道具有相当强的生产性，因此，内部经济因素的分析重点在于生产交易总费用最低（而非单纯的交易费用最低）才是农产品营销渠道的经济机理。

根据新结构经济学的诱致性和强制性变迁理论，本书构造了我国农产品营销渠道变迁及其协同变迁的一个理论假说。从界定农产品营销制度需求的概念入手，分析农产品营销渠道创新的“获利机会”。从分析农产品营销制度不均衡的政治、经济因素出发，指出由于存在外部性和“搭便车”现象，农产品营销渠道制度诱致性变迁的动力不足，需要强制性变迁加以补充。农产品营销渠道创新需要走诱致性变迁与强制性变迁协同发展的路径。

1.2.2 现实意义

农产品的生产和销售关系到千家万户，它的终端——农产品销售直接影响全国人民的生活质量和身体健康。因此，本书关于农产品营销渠道结构与变迁的研究最终还是要落实在应用层面。从宏观角度讲，可以为政府及相关机构制定政策法规提供理论依据；从微观角度讲，可以为渠道主体选择渠道模式，规避渠道风险，提高渠道效率提供参考依据。众所周知，我国国土面积广阔，人口众多。然而我国耕地面积仅占世界的7%，人地关系紧张，同时我国的土地产权分散、农业生产分散的现状导致了农民抵抗市场风险能力低下，常常出现增产不增收的结构性过剩现象。另一方面，我国的人均收入不断上升，居民日常消费的恩格尔系数逐年降低，人们对于农产品的消费越发强调多样化、口味、健康和安全的重要性，这无疑对农产品的生产者和流通渠道提出了更高的要求。然而我国现有农产品流通的主要渠道结构并不能充分满足生产者和消费者的需求，人们意识到小生产和大市场之间存在矛盾，农产品营销渠道的完善越来越受到各级政府和学界的重视。

我国的农产品营销渠道可谓纷繁复杂，不同品种农产品的流通渠道表现出不同的特点，总体来说就是松散型和紧密型渠道并存；短期渠道与长期渠道并存；非正式与正式渠道关系并存。那么，这样丰富的渠道种类和复杂的渠道结构是如何产生的呢？其变迁的路径是什么？影响渠道结构变迁的因素有哪些？是否存在一种必然的渠道发展趋势抑或完全是相机发展的逻辑呢？解答这样一系列的问题必然能够进一步理清农产品流通的一般规律，一方面能够为渠道中的各主体（如农业生产者）的决策提供相应的理论依据，另一方面也能够为某地农产品营销渠道的管理者提供改善渠道的政策建议，例如关于提高农产品流通产业集中度、关于发展综合性农村合作组织、关于农产品流通体制改革和渠道创新、关于传统渠道与新兴渠道连接的一系列可行的政策建议。

1.3 研究方法

1.3.1 文献法

文献法（literature）通过阅读、分析、整理相关文献，以达到对本研究有初步的准备、进而为后续的研究提供理论基础、研究思路和研究命题。本研究进行摘录、分析和评价的文献体系是建立在对农产品营销渠道的变迁问题进行抽象思考的基础上。这里的抽象思考是指分析变迁问题首先要将变迁的主体进行界定，而农产品营销渠道的定义就显得至关重要。在文献梳理研究过程中，本研究发现“政治-经济”框架是营销渠道理论中相当具有解释力的一个研究框架，在此基础上聚集营销渠道变迁理论，关注农产品营销渠道变迁的一般性和特殊性。为了补充“政治-经济”框架中所存在的理论缺环，本研究在新制度经济学的制度变迁理论中找到了相应的拼图，随后将渠道变迁框架与制度变迁框架进行了结合，补充了内外政治要素（政策成本-渠道权力驱动）、内外经济要素（交易-生产成本驱动）、技术-需求要素作用于农产品营销渠道变迁的机理。

在这个过程中，本研究对已有文献梳理是基于制度变迁的逻辑——制度均衡情况（影响因素）、制度均衡被打破（变迁机理）、新的制度均衡（变迁趋势）。一方面现有文献为本研究的研究问题和研究假设提供了线索，另一方面评述文献的过程中本研究发现了若干现有文献的不足之处，这也成为本研究进行理论创新的重要基石。

1.3.2 访谈法

访谈法（interview）是指研究者与研究对象面对面地进行交谈，了解所需的相应资料以形成研究结论。这种方法的优势在于面对面沟通的过程更为全面，访谈对象的语音、动作、表情（特别是微表情）能够被全面地捕捉，通常能够得到研究对象的态度和心理过程，特别相比调查问卷等定量研究方法而言，访谈法对“言外之意”以及“行为动机”的挖掘能力要更强。

本研究所运用的访谈法是非结构性的个别访谈结合团队访谈。非结构性访谈是指没有精确的访谈提纲和提问顺序，而是与访谈对象进行更为自由的沟通。同时调研展开过程中得到了TL市和CT市政府的配合，调研过程中常常采取座谈会的形式讨论当地农产品营销渠道的发展现状。而对村民的调查访谈则更多地采取了个别访谈的形式，在官方调研渠道之外得到了相当多的资料补充。

访谈法有自身的缺陷。在本研究的调研过程之中，单纯使用访谈法获取资料的效率有待提高，这是因为一方面团队访谈（座谈会）的内容相对空泛，而且访谈内容被局限为调研对象千锤百炼的成果报告——讲成绩、讲愿景的内容更多，而实际中遇到的困难，经营/生产过程中出现的问题所言寥寥；另一方面，非正式渠道的个别访谈内容十分发散，此时被访谈者往往是村民或商贩，他们更愿意讲的话题与本研究的研究存在偏差，但也并非完全无用。例如TL市FS物流园的农产品批发商讲到TL市内白音太来市场发生的械斗，其实就是外部政治要素引发营销渠道内部权力变迁过程中出现的摩擦，而这样的内容需要研究者在整理访谈资料的过程中加以提炼，需要细致和耐心的事后工作。

1.3.3 参与观察法

参与观察法（perticipant observation）起源于马林诺夫斯基的人类学研究。研究者在田野工作的过程中深入到研究对象的生活背景中，进而观察并捕捉其行为背后的逻辑。这一研究方法被普遍运用于社会学、人类学、民俗学、民族志等多种社会科学的研究中，近年来也逐渐被引入管理学、市场营销学等其他领域。

本研究所运用的参与观察法属于公开参与观察，即告知研究对象自己的研究者身份，以获得研究对象的正式或非正式配合。这种方式常见于企业调查、乡村调查等场合。本研究在对内蒙古自治区TL市、辽宁省CT市进行调查的过程中使用了公开的参与观察法。其中，对TL市FS物流园的参与观察主要针对农产品批发环节，对TL市内超市和连锁社区菜店的观察主要针对农产品零售环节；而在对CT市的农产品龙头企业、专业合作社、普通农户生产过程的观察则是针对生产环节。

与访谈法不同，参与观察法得到的资料很大程度上需要研究者自己加以归纳和提炼。众所周知，社会科学研究过程中研究者本身的介入会使研究对象的行为和态度发生改变，公开参与观察法的风险就在于此。为了尽量减少这种扭曲，研究者本人必须敏锐地捕捉到研究对象隐含或无意间流露出的珍贵信息——换句话说，只听其言是远远不够的。例如在本研究中关于CT市傅家镇地瓜产业的调研不仅仅是听取镇长和种植大户的汇报，也结合了对傅家镇和周边地区镇容镇貌、普通村民行为和态度的观察，最终提炼出了相应的调研结论。

1.4 理论贡献

1.4.1 政府驱动的农产品营销渠道变迁机理研究

本研究主要参考了两个渠道变迁的研究框架，斯特恩和里弗（1980）的研究框架将外部政治要素描述为营销渠道的外部社会政治环境，即渠道外部行动者权力资源的运用、传递以及主流态度。其中营销渠道的外部政治因素界定为竞争对手、监管机构以及行业协会。而在我国农产品营销渠道变迁过程中，行业协会的作用相比监管机构来说影响较弱。此外，竞争渠道的行为与外部经济要素中的水平市场要素有所重叠。在赵晓飞和李崇光（2012）的框架中，消费者购买模式的变化是影响农产品营销渠道变迁的直接驱动力。他们认为经济、法律、文化环境以及新技术、新方式的出现更多是通过影响消费者购买模式来间接影响营销渠道的变迁。这是微观的视角，而农产品营销渠道变迁更主要是一种宏观的表述，因此在宏观层面上找到影响变迁的直接因素更加重要。本研究认为我国公共政策的调整及政府行为是农产品营销渠道变迁的主要外部驱动力。除论述公共政策的类型及对渠道变迁的影响机理外，本研究也分析了政府在诱致性与强制性变迁过程中的多重作用，以及渠道内外主体的策略行为对渠道交易费用及渠道权力的影响。指出外部政治要素在驱动中国农产品营销渠道变迁过程中起到至关重要的作用，在发挥政府总体规划、基础设施投入、减税补贴等对渠道绩效提高的正面作用的同时，要警惕寻租设租行为对渠道变迁的负面影响。

1.4.2 构建考虑消费者因素的农业技术创新模型

1971年，速水与拉坦共同提出了一个农业技术创新模型。他们首先以劳动和土地作为考虑的两个维度，找出生产者均衡点。当劳动相对于土地价格上升时，理性的生产者会少投入劳动而多投入用土地。由于劳动力数量的减少，单位劳动会配备更大的机器动力。速水与拉坦将由于相对价格改变导致机器动力增加的现象称作诱致性机械技术进步模型。同时，他们考虑土地和化肥这两个维度时生产者在价格不变的情况下选择一个生产者均衡点。当土地相对于化肥价格上涨时，理性的生产者会多投入化肥而少投入土地。多投入化肥的结果又会导致生物技术的进步，他们称其为速水-拉坦生物技术进步模型。

速水-拉坦模型是生产者均衡的模型，农产品营销渠道的选择应该考虑消费者的因素。本研究构造了考虑消费者因素的速水-拉坦模型。首先，本研究考虑产品数量和质量这两个维度，消费者在产品数量和质量不变的条件下选择了效用最大化的消费者均衡点。当产品数量增加而质量价格比下降时，消费者会对产品数量的要求低而对产品质量的要求高，进而推动企业提升生产技术水平。本研究称其为技术效率模型。

其次，本研究考虑产品数量和服务这两个维度，消费者在产品数量和服务不变的情况下，有一个效用最大化的选择。当产品数量相对于服务价格上涨时，消费者会选择多消费服务而少消费产品的数量。而服务水平的提高必然加大服务设施投入。本研究将其称之为流通技术效率模型。这两个扩展的速水-拉坦模型构建是本研究在诱致性变迁理论中的一个尝试。

1.4.3 提出农产品营销渠道诱致性与强制性变迁的协同模式

在初始的“政治-经济”分析框架中，较为粗略地将营销渠道的影响因素分为外部政治经济要素和内部政治经济要素。而本研究分析的诱致性变迁从实质上来讲是内外经济要素相互作用，最终造成营销渠道变迁的一个“输出”。它具有渐进、缓慢的特点。相对应地，强制性变迁从实质上来讲是内外政治要素相互作用，最终产生营销渠道变迁的另一个路径，更加迅速也具有更大的风险。本研究试图将诱致性与强制性变迁理论与“政治-经济”框架进行结合，认为虽然政府主导的强制性变迁在中国的农产品营销渠道中起到了主导作用，但市场主导的诱致性变迁与强制性变迁协同是一种更有效率的变迁模式。

2
农产品营销渠道的文献综述

2.1 “农产品营销渠道”的相关概念

农产品营销渠道变迁问题的研究，首先要从概念的界定开始。当前有关农产品营销渠道的概念非常多，根据不同的学科及不同的研究需要，其概念的内涵和外延界定有很大的不同。然而农产品营销渠道定义的不同会导致研究的侧重点和范式有所差别，因此在进行文献综述之前，本研究要确定何为“农产品”“农产品营销渠道”，进而阐述何为农产品营销渠道的“变迁”。

2.1.1 “农产品”的内涵

农产品（英文译为 agricultural product，farm product 或 agricultural commodity）一般是指农业生产部门生产出来的物质产品。在《中国农村工作大辞典》中农产品的释义为：“农业生产各部门生产的所有动植物产品包括种植业部门的产品、畜产品、林产品、水产品等。”在《现代农村经济辞典》中农产品的释义为：“农业各部门（农、林、牧、渔）的直接产品，也包括狩猎和采集的副业产品。”在我国颁布《中华人民共和国农产品质量安全法》中第二条规定：“本法所称农产品，是指来源于种植业、林业、畜牧业和渔业等的处级产品。”

农产品有广义与狭义之分：广义的农产品不仅包括初级的农产品，还包括以初级农产品为原料加工的产品。而狭义的农产品不包括农产品的加工品。本研究所涉及的农产品是指狭义的农产品。

农产品自身的特点使得农产品的营销与工业品的营销有很大的不同。首先，农产品的鲜活易腐性要求农产品在运输和储存过程中必须有必要的保鲜设施。其次，农产品的生产具有一定的季节性、地域性、分散性，它们使得农产品的供给对价格反应迟缓，农产品的营销具有风险大的特点。最后，农产品是消费者的生活必需品，其需求价格弹性小。农产品的质量、数量、品种关系到人民的生活水平及社会的安定，因此农产品营销既关系到企业的利润也关系到公众的福利。

2.1.2 “农产品营销渠道”的内涵

在进行定义之前，本研究首先要阐明一个观点：“农产品营销渠道”的定义方式具有一定的特殊性。首先根据对渠道认知的不同，借鉴营销渠道的相关概念研究[①]，农产品营销渠道是指农产品（实体、所有权）从生产领域到达消费领域所经过的通道，包括渠道结构、流通途径、环节、组织方式等。

本研究将营销渠道的定义方式总结为以下两种——渠道唯名论和渠道唯实论。

对于何为营销渠道，渠道唯名论认为值得研究的是真实存在的渠道主体或渠道行为，也就是说“营销渠道”的概念本身并非真实存在，而是抽象而成。持渠道唯名论立场的定义例如科特勒（1967）认为：“营销渠道是指某种货物或劳务从生产者向消费者移动时，取得这种货物或劳务所有权或帮助转移其所有权的所有企业或个人。”在这个定义中，营销渠道被定义为渠道成员的集合，其发起者是生产商而终点是消费者；斯特恩和里弗（1980）认为“营销渠道是由渠道主体们共同追逐自身或集体利益的组织间行为所集合而成”，这个定义更加强调渠道之间的行为互动。

相应地，渠道唯实论认为微观行为或成员的集合并不足以定义渠道本身，营销渠道的性质和功能应当从宏观角度看研究，营销渠道本身是真实存在的。这种定义方式举例来说有：美国市场营销协会（1960）认为“营销渠道是企业内部部门及企业外部代理商或经销商的组织结构，产品或劳务通过

① 吴桂华（2009）、徐丽艳（2010）、卢凌霄（2010）、陈万卷（2011）、张劲松（2012）、王凯（2013）等。

这些组织得以上市营销”。这个定义强调营销渠道是组织结构；Cundiff和Still（1971）将营销渠道定义为“产品从生产者向最后消费者和产业用户转移时直接或间接转移所有权所经过的途径”，这个定义则强调营销渠道是所有权经过的通道。

那么，如果将上文中营销渠道的前面冠以“农产品”三个字，是否就能够定义农产品营销渠道了呢？本研究认为这种方式并不准确。事实上，在历史上随着农业生产水平、流通技术条件和销售方式的改变，渠道的实质和主要任务也随之发生变化，在不同时期下“农产品运销”“农产品推销”“农产品营销”的名称改变可见一斑。总之，本研究认为定义农产品营销渠道应当结合当时、当地的特殊情况。鉴于本研究主要讨论的是我国的农产品营销渠道，因此对这个概念的定义就具备了特殊性。

无论何种定义方式，一个营销渠道中必定存在着厂商的角色。具体到农产品营销渠道中，就是农产品的生产商，然而我国的农产品营销渠道由于一些现实因素的影响，渠道的重要起点——厂商的角色被模糊了。方才提到的现实因素实际上就是指我国土地的产权制度。众所周知，我国的农业生产制度是家庭联产承包制，农民对于最重要的农业生产资料土地只拥有承包权，村集体才具备所有权。相对应地，在美、日等经济体的产权制度下，农业生产者（如农场主）具备土地的所有权，因此中外农业生产者的营销渠道在不同土地产权制度下存在一定的差别。我国农业生产资料的自由配置能力有限，而农产品生产规模、生产品类的调节是进行渠道管理时重要的手段。在这个意义上来说，我国农产品营销渠道中生产者有着天然的劣势。另一方面，家庭联产承包制下农业生产以家庭为单位，如果将碎片化的生产者投入市场中，就面临着“小生产与大市场”之间的矛盾，很难有效地完成将农产品从生产者转移到消费者手中的任务。在此情况下，如何提高我国以家庭为单位生产者的组织程度，是农产品营销渠道研究领域中常见而重要的课题。事实上，“农户+某主体”的模式就是在实践中不断尝试的多种情形，其实质在于：我国农产品营销渠道中，农产品生产商的角色和能力并不完善，用某种组织（龙头企业或合作社等）赋能，使分散的生产者与组织化的营销者合二为一，承担起农产品营销渠道中的厂商角色。

从我国农产品营销渠道的厂商角色模糊的例子可以看出，制度要素对营销渠道的性质、成员的角色、渠道行为具有极为深刻的制约和影响。可以说，农产品营销渠道绝不应仅仅定义为一种经济行为，它的运行是嵌入制度之中的，表现为某种“结构”或“通道”，或者说农产品营销渠道的本身就可以视为一种“规则”的集合。具体来说，营销渠道自身通常包含了这些要素：农产品的交易场所、交易时间、交易对象、交易方式，这显然是规则的集合——或者进一步地说，制度的集合。而这些渠道内部制度以及渠道行为又受到一系列外部制度的制约，因此营销渠道的内部制度与外部制度一同构成了一组“制度群”，所形成的制度图景（constellation）或者“结构”在实践中有着丰富的展现。从对农产品营销的特殊性认知以及研究的视角出发，本研究更愿意从宏观角度（或者说，渠道唯实论）去定义农产品营销渠道。本研究将农产品营销渠道定义为“农产品的营销行为中所嵌入的制度集合”。

2.1.3 “农产品营销渠道变迁”的内涵

关于渠道变迁的研究，也存在微观和宏观两种视角。微观视角往往更加关注营销渠道的销售手段、产品特点、配套服务、竞争情况、管理压力等属于渠道内部的要素变迁过程（陆芝青，2004）；而宏观视角则对诸如渠道变迁与经济发展之间的关系（Mallen，1975）、转型经济体中的营销渠道变迁（Dahab et al，1996）等问题更感兴趣。上文中本研究已经将农产品营销渠道定义为了制度的集合，因此它的变迁问题自然应当从宏观层面去理解。

在认识渠道变迁之前，需要明确三个与时间和事件相关的重要概念，这三个概念是指均衡、变化和趋势。均衡是指农产品营销渠道在内外部因素的共同作用下达到了一种相对稳定的状态，例如改革开放以前我国农产品营销渠道基本保持了稳定的状态。变化是指影响农产品营销渠道的内外部因素发生了较大的改变。本研究的视角是在拓展的政治经济因素发生了重大改变时，研究原有的均衡状态被打破所带来的后果。趋势是指农产品营销渠道的变化必然要遵循一定的规律。我国影响农产品营销渠道的各种因素及其变化在不同地区、不同产品、不同组织形态上差异很大。因此，我国农产品营销渠道的变迁具有多样性的特点。

因此，营销渠道在时间上表现为历史发展，借鉴制度变迁定义，本研究定义的农产品营销渠道变迁就是指农产品营销渠道部分环节如渠道内成员二元关系或整个渠道链条系统参数在大小、数量、方向等方面的变化。这些变化是组织在多样性、选择及存续上的循环性、累积性和偶然性的进程发展。而这种变迁过程又可分为多样性、选择和存活三个阶段，其中多样性创造是农产品营销组织的变异形式，如近些年日益发展壮大的农产品超市；选择是环境对稀缺资源争夺下的竞争者选择，例如在“互联网+”的时代背景下，农产品营销主体在外部环境变化和农产品营销渠道内权力关系竞争加剧的情况下做出的相应策略，它们积极地利用日益普遍的网络信息技术，将电子商务融合进了传统的农产品营销过程中；存活是特定组织形式的存续和维持，在农产品营销渠道中，农贸市场凭借着便利的优势始终在农产品营销渠道的发展中占据着重要的一席之地。

上文的论述可以被总结为“适应性效率”的逻辑（North，1993）。农产品营销渠道这一制度群所形成的制度稳态由于某种外生变量的改变而被打破，为了寻求蕴含其中的获利机会，或由自上而下的路径，或由自下而上的路径，通过某种社会达尔文主义过程，最终产生具备适应性效率的新营销渠道，（也许是暂时地）建立起新的制度均衡。这个过程正是本研究结合我国农产品营销渠道的变迁实践，以及营销渠道的经典理论所做出的，有待验证的理论预期。综上，本研究将农产品营销渠道的变迁定义为“农产品营销渠道由旧制度均衡走向新制度均衡的过程”。

2.2 农产品营销渠道变迁的相关研究

从农产品营销渠道变迁的定义出发，本研究将从三个方面进行相关文献综述：第一，农产品营销渠道的影响因素，这部分主要回顾关于农产品营销渠道影响因素的文献，可以说是在描述营销渠道的“制度均衡”，已有文献对影响因素的研究有助于本研究全面地认识农产品营销渠道究竟是由哪些制度要素所搭建并制约的；第二，农产品营销渠道的变迁机理，这部分的文献包括了学者们对于这个渠道的变迁过程、变迁驱动力等方面的观点。这些观点分析的实质是：当渠道的制度均衡被打破而出现新的获利机会时，农产品营销渠道究竟是如何进行变迁的；第三，农产品营销渠道的路径及变迁趋势，这部分总结了已有文献对我国农产品营销渠道未来发展的趋势的判断，即农产品营销渠道变迁所朝向的“新的制度均衡”。根据本研究所需，本研究通过对农产品营销渠道变迁的研究借鉴、吸纳了工业品营销渠道变迁的研究成果对国内外相关文献进行梳理，有关农产品营销渠道变迁的研究主要集中于以下几个方面。

2.2.1 制度均衡的描述——农产品营销渠道影响因素的相关文献

营销渠道受到内外部多种因素影响，这显然已经是学者们（Bucklin，1965；Stern，1987；Wilkinson，1990；Mallen，1996；Young and Hobbs，2002）的共识。影响营销渠道的多种内外因素，其实质在于经济利润和政治权力在渠道内外的分布情况，可以分为“结构”和“过程”两个方面（Stern，1980）。在考察渠道制度均衡的研究中，本研究主要关注的便是“结构”问题，特别是关注“利润和权力分配的规则”而非具体是如何分配的现状——Dahab、Gentry和Sohi（1996）的研究为这一观点提供了支持。在《转型经济体中的渠道变迁：基于利益支配框架》一文中，作者采用熊彼特式的视角比较了同为前社会主义国家的匈牙利和塔吉克斯坦的营销渠道改革，向读者展示了宏观的政治、经济、文化制度和中观的利益集团博弈是如何影响微观的营销渠道绩效的。该文考察了塔吉克斯坦和匈牙利的烟草、服装等营销渠道的改革，认为营销渠道是嵌入于历史、政治、社会结构化背景中的，特定的经济-政治利益集团控制着营销渠道，能够加速或阻碍营销渠道的改革。经过分析，Dahab等（1996）提出如下一系列命题：计划经济体制有助于利益支配集团的滋生；利益集团与其他社会群体的区隔有助于维持其利益支配地位，也有利于获取经济利益；通过持续向成员提供经济资源，利益支配型的营销渠道维持着强制性信任关系；法律、监管制度不健全的环境会维持利益支配型渠道；利益集团对影响渠道发展的公共政策谋求掌控能力以支撑利益支配型渠道；跨国企业进入带来的竞争和新资源会瓦解利益支配型渠道，以及其中的强制性信任；企业文化和价值观的内化会瓦解利益支配型渠道。Li、Karande和Zhou（2009）对营销渠道的制度影响力给出了更为具体的解释。治理环境（governance environment）被该文定义为“在一个社会中促进或制约治理机制选择的社会、政治、经济、法律制度条件”，即影响营销渠道的制度集合。治理环境可以分为基于规则的治理环境和基于关系的治理环境两种，而非正式制度中的文化与治理环境有着相互影响、匹配的逻辑。通过对中国、美国钻石营销渠道的比较案例分析，Li等（2009）提出以下命题：治理环境分为五个维度（政治权力、法制程度、公共信息、诚信水平、会计标准）；基于关系的治理环境下渠道进入壁垒更高；基于关系的治理环境下，渠道成员更依赖排外性的渠道关系；基于规则的治理环境下，更倾向于使用公共信息评估交易对象；基于关系的治理环境下，渠道成员较少采用基于公共信任的行为（如包退包换）；基于规则的治理环境中，冲突双方倾向于寻求第三方解决；基于关系的治理环境中，冲突双方倾向于自己解决。

针对我国的农产品营销渠道，学者们也使用了政治、经济、文化、认知等方面因素来解释影响渠道的形成和选择问题。叶全良（1982）讨论了商品属性、企业经营状况、市场供求情况等多种因素对渠道选择的影响。Wathne（2004）通过实证分析发现在市场条件不确定的条件下，上下游企业间的合作关系并不稳定。Ferguson（2004）从交易成本理论、信息经济学理论以及委托代理理论角度研究了有机小麦不同垂直销售方式的差异，认为不同的治理结构显著影响有机小麦的价格以及小麦生产户的交易成本。王新利和李世武（2007）认为我国东中西部地区在经济发展水平和资源禀赋方面差异明显，从而使得东中西部地区分别适合发展龙头企业带动型、能人牵头型和政府发起型的农民专业合作经济组织。蒋燕和冯开文（2008）分别从制度经济学、博弈论角度和供应链管理角度定性解释了农民专业合作社诞生的原因，认为合作社可以降低交易费用、避免机会主义行为的出现，并有效解决利润分配、技术供给及市场风险等问题，提出合作社与外部公司相比可以较容易地获得内部成员的信息，从而降低交易成本，此外社员之间相互监督比较容易，减少了监督成本。丁钰明（2008）研究了超市农产品消费者的基本特征，分析消费者对食品质量安全的认知等状况。席利卿（2010）设计了相关的调查问卷，通过分析发现价格因素是农户选择销售渠道时的主要因素。王家旭等（2015）通过实证分析得出基础设施水平、信息化发展水平以及政府的支持对农产品营销渠道变迁具有重要影响。刘天祥和孙克娟（2016）认为目前我国农业产业的外部规模经济大于内部规模经济，专业化市场可以有效提高农产品营销渠道的效率。李爱萍（2018）认为当前我国农产品电子商务平台的发展，如淘宝、天猫、京东等虚拟化农产品营销新方式的出现，可以实现农产品本土化的资源整合从而整体上提升农产品营销渠道的效率。

2.2.2 制度均衡打破后的变迁——农产品营销渠道变迁机理的相关文献

我国较多学者研究了农产品流通模式的变迁过程。张巨勇（2000）分析了农产品营销渠道的发展历史，认为它经历了从生产者之间的物物交换和生产者直接卖给消费者的传统阶段到商品化阶段的逐步演进；农产品营销渠道一般比工业品要长，其营销成本也比较昂贵；农民生产规模往往比较小，对营销渠道的控制力较差。农产品营销渠道的历史演变的五个阶段是：农产品运销阶段、中间商销售为主阶段、垂直一体化渠道阶段、以顾客为中心的渠道发展阶段和渠道整合阶段（李崇光，2003）。寇平君等（2002）指出，我国农产品营销渠道变迁的方向应该是建立基于“生产主体→网络平台→消费主体”的“现代单段二元式”流通模式，实行农业产业大生产大流通。孙剑等（2003）认为农产品营销渠道的演变大致可以分为五个阶段，包括农产品运销阶段、分销商销售为主阶段、垂直一体化渠道阶段、以顾客为中心的渠道阶段和渠道整合阶段。冷志明（2004）认为，目前，我国农产品营销渠道主要存在三种情况，即以农产品运销为主的营销渠道、以多层中间商销售为主的营销渠道和以交易型渠道内部关系为主的营销渠道。其发展趋势为：渠道结构短化的营销渠道、渠道内部关系合作化的营销渠道、渠道系统一体化的营销渠道。夏宁和刘洪枝（2005）提出了构建闭合式的人性化营销渠道。营销渠道是一个人与物的组合通道，包含了以人为主体的生产商、中间商、消费者和以物为主体的交流，以及各种主体组合后所体现出来的整体意识。因此，是否有一个恰当的组合，是营销渠道本身的作用是否得到最大发挥的关键。李春成和李崇光（2005）提出了农产品营销渠道优化趋势：农贸市场超市化趋势。袁华（2005）与张希颖和祃海霞（2007）分别提出应构建以“合作组织”和“第三方物流”为纽带的农产品营销渠道模式。王素霞（2007）分析了国内外农产品渠道的发展趋势，提出我国存在着两条农产品的营销渠道，一条是由分散的小规模农户、产地批发商、消费地批发商和小商贩组成的传统农产品营销渠道；另一条是由合同农户、农产品供应商的直属农场、农产品供应商和超市组成的现代化农产品营销渠道。任博华（2008）讨论了传统型渠道模式与新型农业渠道模式，认为传统的模式有农户通过农贸市场等直接向最终消费者销售农产品，农户直接进入产地批发市场与农产品批发商直接交易，以及贩销大户收购三种；新型模式有“公司+农户”“公司+专业合作社/农业协会+农户”两种。也有部分学者对国内外的农产品营销渠道模式进行了比较研究。王新利和李世武（2008）认为，渠道结构信息化、主体组织化及联盟化是农产品营销渠道模式变迁的主导思路。赵晓飞（2009）认为世界农产品营销渠道主要有东亚模式、西欧模式与北美模式三种，并详细讨论了我国农产品营销渠道模式类型，比较了“农户+批发商”“农户+龙头企业”“农户+合作社+龙头企业”“农户+供应商+超市”模式各自特点。徐丽艳（2010）指出我国农产品流通经过一定的发展，已经由过去的国家统购统销式转变为市场经济，并演化出多种流通模式，主要有“收购小贩+批发商+终端零售”“龙头企业+批发商+终端零售”“合作社+批发商+终端零售”“农户+超市模式”四种，并进一步分析了农产品流通中存在的问题。张赞（2011）分析了我国农产品营销渠道终端变革，并回顾了营销渠道终端由国营商业企业和供销合作社向农贸市场、大卖场、普通超市和生鲜超市逐步演进的过程。赵晓飞和李崇光（2012）认为消费者购买模式的变化是农产品营销渠道变迁的主要动力，经济、法律、文化环境是渠道变迁的制约，技术进步是变迁的支持。这些外部因素共同作用于渠道内部的渠道权力和交易费用及价值链的调整，从而导致农产品营销渠道的变迁。韩喜燕（2013）研究了农产品营销渠道的组织化问题，分析了目前我国农产品渠道变迁的机理及路径。胡华平（2011）分析了农产品营销渠道演化及发展的历程及规律。刘依林（2017）以河北省为例研究了农产品营销渠道流通体系的建设及存在的问题并提出了相应的政策建议。

总之，经过我国农业体制的多番改革，农业经济迅猛发展，农产品的营销渠道逐渐向科学的、合理的新型模式演变。然而，因为农产品品种的不同，农产品营销渠道模式仍然是多样化发展的。举例来说，有些农产品不需要加工，或者只要进行粗加工，就可以进入消费品市场；有些农产品需要经过深加工（例如腌制、糖渍、无菌包装、速冻、发酵等）后进入市场。

2.2.3 走向新的制度均衡——农产品营销渠道变迁路径及趋势的相关文献

第一，渠道系统变迁的演进路径。农产品营销渠道系统的变迁涉及方方面面，从研究的复杂性来看，单个成员最好入手，而渠道链分析最为复杂，成对成员分析则居于中间。从研究的解释力来看，基于单个成员的分析能够获取最少的渠道系统信息，而基于渠道链或网络的分析则能最好地反映系统的整体功能性和复杂作用机制。例如，Achrol（1983）就指出，营销渠道的组织间行为或关系研究应该从整个链条来考察，但这样做的前提是详细解释成对成员的行为或关系，然后渠道链的整体分析才会更加值得可信，因此渠道成对成员应该作为渠道研究的基本单元。Ross和Robertson（2007）也强调，渠道成员或组织间的关系过于复杂，从少数渠道实体之间的简单关系对入手可以有利于研究的开展，如“供应商-客户”“客户-供应商”“竞争者-竞争者”“伙伴-伙伴”等关系对。陈涛等（2001）从绿色营销角度提出应加强农产品营销渠道主体培育，并建立有序的生产、加工、运输、储存、批发、零售等环节的农产品营销渠道系统。孙剑和李崇光（2003）提出了农产品营销渠道变迁的五阶段演化路径。何秀荣（2003）从农产品市场体系建设的长期系统性角度提出了具体措施，一方面要加强交通运输网络和有形市场硬件设施建设，另一方面要更加重视提高生产者、加工商和贸易商的组织化程度，同时还要加强法律、制度的规范管理建设（即农产品营销辅助渠道问题）。王颖和王方华（2006）提出了结构范式、行为范式和关系范式下营销渠道演进规律。

第二，渠道变迁的具体内容，主要表现在渠道结构的变化、渠道权力的变迁、渠道关系演进以及渠道治理形式的选择等方面。李崇光和孙剑（2003）对农产品营销渠道系统、渠道组织、渠道管理、渠道国际比较等方面进行了专门研讨，但对于我国农产品经营生产组织形式和功能上的“小而全、多而全”的多维性特点，显然缺少从“多维”（企业组织或功能完整性）角度探讨农产品生产经营者在保持完整组织或功能上的动态性“强强联合”。赵晓飞和田野（2009）指出，我国农产品营销渠道整体呈现出“权力不平衡性”“结构不对称性”“关系不稳定性”的特点，并提出了基于渠道关系、参与主体、流通方式、政府政策等内容的变迁创新体系。王晓红（2011）从政府及企业角度论述了农产品体系建设应该重点解决的路径问题。薛建强（2014）从交易费用入手论述了农产品营销渠道不同模式的比较及选择。王浩（2014）从新型农业经营主体的发展趋势多角度分析了农产品营销渠道变迁的趋势。龙彪（2016）从政府的作用及功能论述了农产品合作组织形成和发展的历程。郑红芳（2016）结合国外农产品营销的经验教训研究我国农产品营销渠道变化的趋势。

综上所述，学者们从不同的角度对渠道变迁与创新等相关问题进行了有益的探索，使得这一领域的研究日益丰富，但已有的研究在以下方面仍存在一些研究缺口。从已有的关于营销渠道变迁，特别是农产品营销渠道变迁的研究来看，国内外学者们的共识是：营销渠道的变迁是由多种因素共同推动的。然而遗憾的是，营销渠道本身作为一个复杂的经济系统，对其进行全面的分析具有一定的难度，因此很多学者认为对它的认知应当“由简入繁”，即抛开复杂的全面考察，先由简单的渠道成员之间的交易入手。在这样的思路下，关于渠道成员之间的交易类型、交易成本的研究较多，并且有着成熟的实证研究加以支撑。而相应地，多数试图从宏观层面去概括渠道的组织形式、渠道的演进过程的文献往往流于表面，通过设定不同的“阶段”加以概括，而这些结论在验证现实中出现的现象时并不理想。当谈到营销渠道的演化过程时，很多研究以事后归纳的方式总结出一定的规律——这在外国农产品营销渠道变迁的相关研究中非常常见，难免落入一定的俗套之中。

此外，如果只考察农产品营销渠道的微观变迁，多数学者的文献都认为一个“动态”的视角更为可取。但已有的文献通常对于这个“动态”没有讲得非常清楚。事实上，渠道变迁研究并非取决于是否对这个渠道本身进行了追踪和历时性的研究，而是取决于当营销渠道变化了以后，研究者是否能够敏锐地捕捉到这种变化究竟来自何处。大量的文献在描述变迁时，论述了“曾经是什么样的渠道”“现在是什么样的渠道”“将来是什么样的趋势”。而在阅读文献时，研究者很难被文献所列出的理由所说服。这是因为，微观变迁也许是随机的，但宏观的变迁却要遵循一定的规律。这种规律的挖掘并非易事，例如绝大多数研究认为“短渠道”会是农产品营销渠道的变迁方向，其理由最终都会落在节省交易成本的结论上，然而却很少有文献能够深入思考，为何渠道一定要朝着“降低交易成本”的方向演进呢？所以说，对于渠道变迁的“动态”视角不能成为一种教条，而扎实地从“静态”视角出发，然后过渡到“动态”视角的文献仍然不足。

在营销渠道领域中一个被学者们广为诟病的问题是经济学视角和行为学视角的割裂，而农口的研究视角缺乏理论性的研究。这二者结合的领域即农产品营销渠道领域，可以说两种缺陷兼而有之，即割裂的、缺乏理论性的研究居多。较早时期的研究对于农产品营销渠道的研究主要着眼于经济学理论，并且主要研究农产品生产者和下游的契约，例如“农超对接”方面的研究。而近年来行为科学的视角，如社会资本、社会网络等理论的丰富使得关系营销范式成为热点，并催生了一系列关于农产品营销渠道成员关系的研究。能够看出多学科视角下的农产品营销渠道研究已经开始变得丰富起来，其研究视野越来越宽。但是本研究注意到这一领域的跨学科研究并没有将优势发挥出来，换句话说就是经济学和行为学视角各自为战，在一篇文献中独立成章。而另一方面，两种研究视角的深入挖掘并不足，往往是借用一些概念，然后回归到微观的变量关系研究中来。

现有文献中，针对某一种类型的渠道，或是从某一个渠道主体的角度出发的变迁研究较多，这也秉承了上文所述“由简入繁”的研究取向。不可否认，这样的文献很有价值，然而很多文献乐于给政府或渠道主体“开出药方”，先不论其中一些药方过于泛泛，很多情况下农产品营销渠道中出现的问题并非渠道本身能够解决的。更为遗憾的是诸多文献停留于说明问题——政策建议的简单套路，这并无益于对农产品营销渠道变迁的深入认知。此外，对于影响渠道变迁的各个侧面，如渠道模式、渠道关系、渠道行为、渠道角色等的研究分类并没有一篇较好的文献加以整合，而这些要素的变迁研究就显得更加散碎。国内农产品营销渠道的研究中，总体上缺乏较为权威的文献将各个侧面的变迁融会贯通，而这可能也是由于现实中的变迁日新月异，并没有演化成为一个整体上较为稳定的渠道版图。

如果用另一个角度来看待上文的问题，也可以说目前对于农产品营销渠道究竟是什么还存在争议。事实上，“渠道”为何物，有着唯实和唯名两种认知。“唯实”论者认为渠道是真实存在的主体，是由渠道各个承担着一定功能的主体所组成的；“唯名”论者认为渠道本身不存在，真实存在的是渠道主体之间的行动，即由渠道成员之间的经济交易和社会交往组成。因此，对于渠道模式、关系、行为、角色等的研究领域其实源于对营销渠道认知的差异，而将它们捏合在一起的研究范式也正因此而难以实现。有的学者在定义方面采取了折中的办法，即认为渠道既是唯实的，也是唯名的。换句话说就是认为营销渠道是由组成渠道的主体以及它们之间的关系组成。但这种定义方法在某种意义上是对唯实、唯名论分析的回避。因此，在农产品营销渠道的变迁问题上就出现了若干不同的研究取向，并缺乏逻辑连贯的整合性研究。

综上所述，本研究针对现有文献的不足提供了本研究的几个重要着眼点：其一，界定农产品营销渠道的发展阶段应当遵从一定的政治、经济逻辑；其二，动态视角的研究不应为了动态而动态，应当从扎实的静态分析入手，然后在静态均衡被打破的情况下考察动态变迁；其三，跨学科研究视角应当注重理论层面上的创新，在结合经济学、行为学的研究视角过程中，对现有的理论框架进行拓展并验证；其四，综合而非割裂地研究农产品的营销渠道结构，以及营销渠道行为，用更为连贯一致的理论逻辑将二者统一起来。

3 农产品营销渠道的变迁历程及现状概述

农产品营销是一个非常复杂并关系到千万民生的重大问题。农产品从生产基地或单个的生产农户手中被采摘、收获并传递至消费者的饭桌、餐碟里被消耗是农产品所必经的生命周期。这个过程要经历若干个流通环节，涉及的流通主体主要有最初的生产者（农民、合作社、种植基地）、中间商（产销批发市场、农产品加工企业、农贸市场、农超对接超市、零售商等）和最终的消费者。而这些流通节点和不同的流通主体通过不同方式的组合构成了当前我国复杂多变的农产品营销渠道模式。因此，对我国当前不同农产品营销渠道进行客观描述、分类梳理，可以帮助我们更好地理解我国农产品营销渠道变迁这一问题。

3.1 农产品营销渠道的变迁历程

新中国成立以来，我国经过了70余年的探索过程，形成了符合中国特色社会主义市场经济要求的农产品流通体制。在不同的历史时期下，农产品流通这一关系国计民生的重要事业所面临的问题和挑战都是不同的，变革的道路也是崎岖的。虽然在一些时期农产品流通的政策并没有处理好当时的农业生产与需求，但秉承着解放思想、实事求是的精神，我国的农产品流通改革总是能够及时发现问题、坚决解决问题，最终建立起符合国情的流通体制，创造了让世界上人口最多国家的人民从吃饱到吃好的伟业。梳理农产品营销渠道变迁的历程有不同的依据，本研究根据农产品营销主渠道的稳定及变化状况，将农产品营销渠道变迁的历程划分为如下阶段。

3.1.1 计划经济时期的农产品营销渠道（1953—1977年）

农产品流通体制所应对的主要矛盾在不同的历史时期并不相同，在这一时期的主要矛盾是短缺，确切地说就是粮食的短缺。因此计划经济时期的流通体制的核心在于粮食流通。新中国成立以后，伴随着土地改革的进行，我国粮食产量有了较大幅度的增长。然而新中国开展工业化的进程使得城镇人口不断增加，同时粮食也是工业化的原料，这就造成了新中国成立初期农产品流通领域中巨大的供求矛盾。征购粮占全国总产量的比重在1950年是13.45%，而1953年则达到21.74%（章乃器，1954）。事实上，1950年到1953年国家征购粮食数量增加了一倍以上，却远远不能满足城市人口和工业原料的需求。除此之外，另一个加剧粮食短缺的原因是国际粮食市场的关闭。新中国成立前城市口粮和工业原料相当大的一部分来自进口，欧美国家低价倾销的洋米、洋面的数额非常高。据上海交通大学的调查，1933年上海的面粉厂有10个月用进口小麦作为原料。

为了应对严峻的粮食短缺危机，中央于1952年成立了粮食部。此时国内仍然存在粮食市场，在与市场争夺粮食资源的过程中，国家意识到必须采取更加强有力的流通体制。据当时估算，1954年，国家需要掌握粮食700多亿斤，除了农业税可以拿到275亿斤以外，还需要收购431亿斤，而靠市场收购这么多粮食是不可能的。党中央对这一问题的主流看法是：粮食短缺问题的本质是国家计划经济与小农经济和自由市场的矛盾。因此，中央财经委员会负责人陈云决定搞“统购统销”，即计划收购粮食，计划供应粮食。1953年10月16日，中共中央通过了《中共中央关于实行粮食的计划收购与计划供应的决议》，标志着我国正式取消粮食市场，实施以计划经济为基础的农产品流通体制。统购统销的范围逐渐扩大，包括了棉花、纱布、食油等大宗农产品，此外生猪、鸡蛋、食糖、烤烟、水产等副食品也纳入了计划体制。1956—1961年，国家基本上完成了对农产品的统购统销，这一阶段我国农产品营销渠道模仿了前苏联高度集中的计划经济体制，具有如下特点：一是主体单一，农产品销售由国有商业部门统一经营。二是从事农产品销售的部门没有独立的自主权，执行固定供应区域、固定供应对象、固定供应价格的“三固定”原则。三是根据农产品的重要程度划分为一级批发、二级批发和三级批发，严格按照程序运作。计划经济时期的农产品营销渠道在农产品短缺的背景下保证了人民的基本生活需要，其弊端是企业缺乏生产经营积极性。农产品长期处于短缺状态，渠道效率低下。

3.1.2 转轨经济时期的农产品营销渠道（1978—1984年）

1978—1984年是我国流通体制从计划经济向市场经济过渡的时期，随着农村土地承包的广泛开展，农产品流通体制也开始进行全面的改革。从1979年起，国家逐步减少了统购统销和限售的农产品品种和数量，缩小国家统一收购农产品的范围。在家庭联产承包制实施的初期，国内已经有学者认识到在从计划经济向市场经济转型的过程中，农产品流通体制必然要发生变迁，有学者提出我国的农产品流通体制应当从单一渠道向多渠道的方向变迁。党的十一届三中全会后中央农业工作的原则是“多渠道，少环节”，农业生产的复杂性、农产品自然属性的多样性、不同农产品在国民经济中的不同地位、各地区生产力水平的差异都决定了我国农产品流通体制应当是多渠道的。浙江大学的左国金（1983）通过实地调查，发现这一时期存在着：部分品类农产品统得过死；农产品不同地区价差过大，走私外流严重；官商作风严重，压价拒购现象频发；间接费用过高；交通运输不便等一系列阻碍了农产品流通体制变迁的问题。客观上来看，计划经济体制下的农产品购销制度已经不适应当时的生产力现状，出现了制度变迁的需求。针对如何改革这一制度，顾益康（1984）认为应当坚持1984年中央一号文件的精神，用经济杠杆保证农产品收购计划完成，对计划外的农产品统统放开，撤销地区壁垒，国营商业必须提高竞争力，确立其主导地位，而个体商业则应搞活，发挥其灵活机动的优势，通过健全法律法规来改善“一管就死、一放就乱”的问题。四川社科院的唐洪潜（1984）认为当时农产品流通体制改革的重点是抓好农产品的加工和销售，建立农工商综合经营的经济体制，而其他的各项改革必须紧紧围绕这个重点。在这一过渡时期，由于国家政策的放宽，农民生产积极性增加，剩余农产品大量出现，农村农贸市场和传统农副产品市场也得到恢复和发展，农产品成交额增长迅速。

3.1.3 双轨制时期的农产品营销渠道（1985—1997年）

1985年迎来了农产品流通体制的重要变迁——党中央和国务院决定除个别品种外，取消农产品的统购任务。商业部经济研究所的吴硕（1985）谈到这次改革，认为这次改革是继联产承包制后，第二次战略性的改革。粮食生产水平和商品率大幅提高，粮食出现结构性剩余，粮食生产发展的速度已经足够保证国民经济向前发展，党的十二届三中全会也为取消粮食统购制度做好了理论和思想上的准备。接下来实行的指导性的、有计划的合同订购制度能够成为取代统购制度的有效手段。通过经济手段，特别是价格手段来调控粮食生产是接下来我国粮食流通体制的主要方式。

1985年至1991年是我国农产品流通制度变迁徘徊运行的时期。在这个时期农产品流通体制改革收效不明显，引发了很多问题。1986年前后，全国21个省份根据当时实际情况对粮食市场进行了阶段性调控。在市场化转型过程中，部分地区先后出现畜产品、水产品等农产品的市场供需波动现象。这一时期的改革实践表明，在计划经济向市场经济转轨过程中，需要逐步理顺中央与地方的权责关系，不断完善市场流通体系。针对改革过程中出现的新情况，学术界和政策研究部门积极开展调查研究，为完善改革方案提供了有益参考。有研究指出，1985年推行的合同订购制度在具体执行中还需要进一步优化，以更好地协调产销关系。这些实践探索和理论探讨，为后续建立更加完善的农产品市场化流通机制积累了宝贵经验，体现了中国特色社会主义市场经济体制的自我完善和发展过程。国务院农研中心发展研究所的温铁军（1987）把参与到流通中的农民（以及合作组织）定义为农产品流通中的“新经营者”。在农产品需求增大，供给短缺，市场逐步放开的情况下，新经营者开始大规模进入农产品流通领域中，也在市场竞争中逐渐成长、积累资金、转变业态。

1992年1月18日至2月21日的“南方谈话”重申了深化改革、加速发展的必要性和重要性，为我国的经济改革起到了不可估量的关键性推动作用。“南方谈话”后，我国农产品流通制度变迁研究的重点也发生了转变。农产品购销走出双轨制，进入全面市场化的时期。这之后虽然有所回归，但其轨道没有偏离市场经济，农产品营销进入了崭新的阶段。转轨经济时期的农产品营销渠道逐步有了一些市场化的特点，取消了国营机构经营范围“三固定”的限制，给予营销企业一定的经营自主权，营销主体也出现了多元化的特征。多种经济成分，多种营销特点，多种经营方式并存提高了营销渠道的效率。但是由于这一阶段两种体制并存，也存在着“一放就乱，一统就死”的制度摩擦，市场秩序不够规范。

3.1.4 市场化改革时期的农产品营销渠道（1998—2011年）

随着市场化改革的深入，人们认识到深化农产品流通体制改革是解决“三农”问题的重要突破口。从1998年开始，我国农产品流通体制进入市场化改革时期。《国务院关于进一步深化粮食流通体制改革的意见》《粮食流通管理条例》《国务院关于进一步深化粮食流通体制改革的意见》《国务院关于进一步深化棉花流通体制改革的意见》等重要文件的出台说明，这一时期的农产品流通体制改革的重点是在粮食领域，粮食以外的其他各类农产品流通的市场化改革进程都得到了持续的推进，并逐渐形成了较为稳定的市场化流通秩序，虽然也有流通不畅的情况发生，但主要是局部的结构性问题。

纵观我国农产品流通体制改革的政策变迁路径，作为资源配置基础性手段的“计划”和“市场”的地位，发生了此消彼长的交替变化，即计划经济逐步退出，市场经济逐步占据主导地位。在传统的农产品流通体制购销框架中，我国农产品购销主要采取三种形式：统购、派购和议购，其中，统购和派购均属于指令性计划。随着改革的不断发展，三种形式发生了重大变化。先是松动过死的计划统购体制，接着废除了农产品统购和派购制度，绝大多数农产品采取议购方式。随后，伴随着农产品购销改革的步伐，国家逐步出台了各种政策性法规和文件，来推动农产品市场的形成和发展。

从我国农产品流通体制的演进过程可以得出如下结论：首先，我国农产品流通体制改革具有显著的路径依赖特征。农产品流通体制改革是在政府部门主导下的一个渐进过程，随着整体经济体制改革的进行、国家大政方针的调整及农产品供求关系的改变而不断变化。其次，两种制度变迁方式相结合，更加注重强制性变迁。农产品流通领域是政府干预较强的领域，在走向市场化的过程中，主要表现为正式制度的人为改变，而不是正式制度和非正式制度随历史、经验和技术等条件的变化所进行的协同演进。最后，农产品流通需要多种模式运行和多种制度安排。实践证明，市场主体的多元化有效地将竞争机制引入农村市场，多渠道的流通体系也丰富了农村市场上各类商品的流通，现代化的经营方式提高了农村商品市场的经营效率。

3.1.5 新时代“网络+”时期的农产品营销渠道（2012年至今）

随着网络技术的逐步成熟和发展，“互联网+”时代来临，农产品营销企业也开始积极探索“农产品+网络”这一新型的农产品营销方式，使我国的农产品营销交易呈现出电子化、信息化发展的特点。在2012年，中共中央、国务院发布中央一号文件，指出“充分利用现代信息技术手段，发展农产品电子商务等现代交易方式。探索建立生产与消费有效衔接、灵活多样的农产品产销模式，减少流通环节，降低流通成本”，这有力促进了我国农产品电子商务平台数量的快速增长，标志着我国农产品营销渠道进入了“互联网+”的崭新时代。2017年发布的一号文件《中共中央 国务院关于深入推进农业供给侧结构性改革 加快培育农业农村发展新动能的若干意见》强调“推动商贸、供销、邮政、电商互联互通，加强从村到乡镇的物流体系建设……完善全国农产品流通骨干网络……加强农产品产地预冷等冷链物流基础设施网络建设”。2022年发布的一号文件《中共中央 国务院关于做好

2022年全面推进乡村振兴重点工作的意见》，进一步提出“加快实施‘互联网+’农产品出村进城工程，推动建立长期稳定的产销对接关系”。2024年发布的一号文件《中共中央 国务院关于学习运用“千村示范、万村整治”工程经验有力有效推进乡村全面振兴的意见》明确提出，“推动农村流通高质量发展……推进农产品批发市场转型升级……实施农村电商高质量发展工程，推进县域电商直播基地建设，发展乡村土特产网络销售”。可见，运用现代电子商务技术将农产品的营销与互联网进行有效连接的举措有效扩大了我国农产品的营销半径，形成了线上线下融合、农产品进城与农资和消费品下乡双向流通格局，也一定程度上推动了我国农业产业的创新升级。

当前，我国农产品电子商务的蓬勃发展使我国农产品营销渠道日益虚拟化，而这种渠道的虚拟化表现为经营形式和现代交易方式的改变，这种改变在一定程度上增加了交易风险。因此，农产品营销渠道的虚拟化对渠道成员之间的合作关系提出了更高的要求。只有在奠定农产品渠道成员间良好的“互动化”基础前提下，才能使农产品渠道系统的交易成本降低、交易效率提高。例如淘宝、天猫、京东等这些大型农产品电商平台一方面实现了农产品本土化的资源整合，另一方面也可以打破以往农产品营销的空间障碍，实现农产品的全链条增值。

3.2 我国农产品营销渠道的发展现状

改革开放以来，我国经济体制由计划经济向市场化转轨，国家大力推行家庭联产承包责任制新型农业生产经营模式，同时党中央、国务院积极开展以市场化为中心的农产品营销现代化改革。在政府主导下，多年处于农村流通垄断地位的国合商业被打破，农产品市场供需发生了变化，逐步形成了农产品营销现状。经过40多年来的不懈努力发展，一个以自由市场调控为基调的多形式、多渠道、多层次的农产品营销体系得以初步确立。因此，可以说我国现有农产品营销模式是由以往计划经济体制下国家统购统销的流通体系经过诱致性和渐进式制度变迁政策逐步演化而成。

3.2.1 农产品市场规模情况

随着互联网技术的快速发展和电子商务的兴起，传统农产品营销模式正面临前所未有的变革。新兴电子商务平台的崛起，尤其是通过社交电商、直播带货等创新营销手段，为农产品的销售和流通提供了新的动力。这一转型虽然大大提升了农产品的销售效率和市场覆盖范围，但也对传统农产品市场构成了严峻挑战，导致我国农产品市场数量出现明显下降态势。国家统计局数据显示，2012年，我国农产品市场数量为1 044个，此后数量逐年下降，至2023年，农产品市场数量已缩减为728个，减幅达到30.27%。具体农产品市场发展情况详见图3-1：

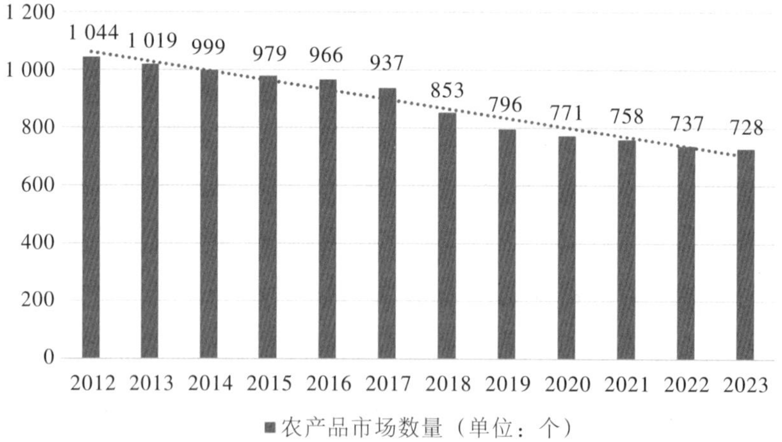

图3-1 2012—2023年我国亿元以上农产品市场数量

数据来源：中华人民共和国国家统计局。

电子商务的蓬勃发展显著减少了农产品流通环节，降低了销售的中介成本，有效提高了供应链效率，使得农产品能够以更低的价格、更快捷的方式直接进入消费者手中，从而吸引了大量消费者转向线上购买。这种消费习惯的转变加剧了传统市场的客流量减少，尤其是那些依赖于实体店面和传统销售模式的市场面临巨大的生存压力。与此同时，传统农产品市场的高运营成本，如场地租赁、人工费用等，进一步加剧了其市场竞争力的不足，无法与低成本的电子商务平台抗衡，导致我国农产品市场摊位数量也相应出现大幅度下滑。国家统计局数据显示，2012年我国农产品市场摊位数为596 542个，然而到了2023年，数量已经降至412 436个，减幅达到30.86%。具体详情参见图3-2：

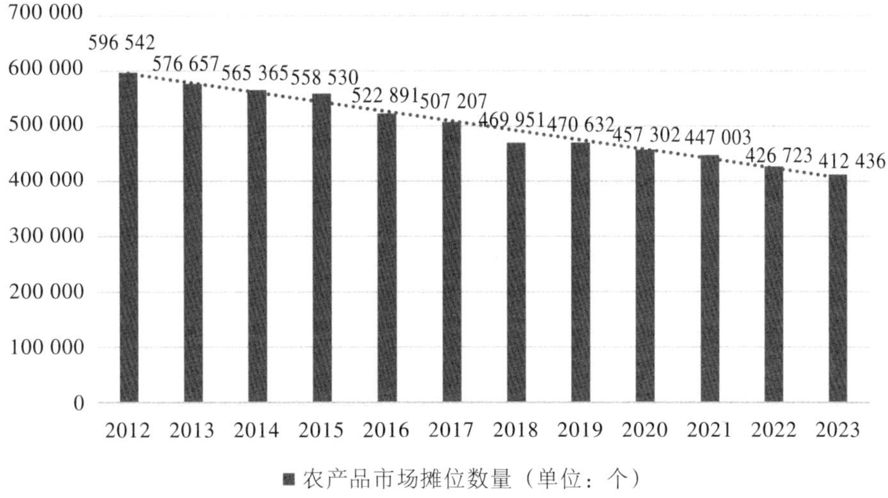

图3-2　2012—2023年我国亿元以上农产品市场摊位数量

数据来源：中华人民共和国国家统计局。

在“互联网+”的推动下，线上市场不仅能够突破地域限制，还能通过精准的市场营销和个性化推荐提升用户黏性，吸引大量消费者，而传统市场则逐渐失去了市场吸引力，导致了商户和消费者的流失，进而导致市场营业面积的显著减少。国家统计局数据显示：2019年，我国农产品市场营业面积已经降至3 949.39万平方米。于是，2019年，国务院办公厅下发《关于深入开展消费扶贫助力打赢脱贫攻坚战的指导意见》，提出“着力激发全社会参与消费扶贫的积极性，着力拓宽贫困地区农产品销售渠道，着力提升贫困地区农产品供应水平和质量，着力推动贫困地区休闲农业和乡村旅游加快发展”。国家政策的引导为农产品市场注入了新的活力，“消费扶贫行动”推动了农村地区农产品的供需对接，创新了“互联网+农产品”的新型营销模式，形成了农产品线上平台与线下市场深度融合的零售业态，促进了2020年后我国农产品市场营业面积的快速回升。具体详情参见图3-3：

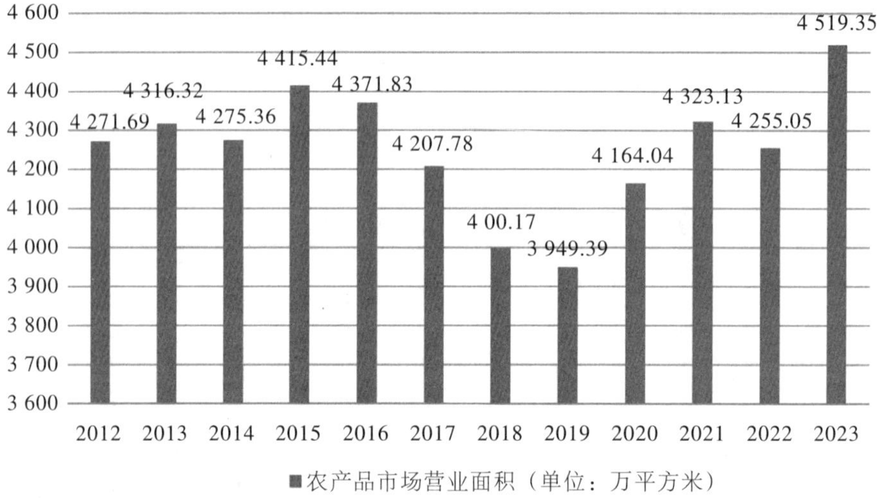

图3-3　2012—2023年我国亿元以上农产品市场营业面积

数据来源：中华人民共和国国家统计局。

同时，自1985年国家废止了农产品统购统销的政策，大力推行农产品自由产销后，农产品市场交易规模不断扩大，成交额稳步提升，我国农产品经济日渐繁荣。特别是随着经济的持续增长和城市化进程的加快，居民的收入水平显著提升，消费结构发生了深刻变化，对健康、营养及多样化食品的需求不断增加。这种消费需求的转变进一步促进了农产品的市场交易，尤其是优质和新鲜农产品的需求显著上升。据统计，我国亿元以上农产品市场的交易额由2012年的13 713.64亿元增长至2023年的21 453.36亿元，涨幅为56.44%。详见表3-1：

表3-1　　2012—2023年我国亿元以上农产品市场成交额　　单位：亿元

分类＼年份	2012	2013	2014	2015	2016	2017	2018	2019	2020	2021	2022	2023
农产品市场	13 713.64	14 584.08	15 507.83	16 483.83	17 466.52	19 346.68	18 327.26	19 785.31	18 614.20	21 129.40	19 660.55	21 453.36
粮油	1 641.26	1 565.11	1 753.73	1 869.92	1 669.21	1 627.97	1 707.07	1 917.29	2 041.09	2 392.72	1 391.63	1 188.47
肉禽蛋	1 029.07	1 224.21	1 328.26	1 401.20	1 546.42	1 473.27	1 544.60	2 104.24	1 943.20	2 076.60	1 932.93	1 922.26
水产品	2 974.12	2 808.81	3 157.19	3 319.14	3 233.94	3 661.30	3 738.02	4 258.19	3 260.72	3 736.24	3 404.33	3 920.70
蔬菜	3 601.07	3 838.25	3 771.56	4 013.88	4 261.09	4 262.24	3 972.32	3 879.80	3 547.91	3 855.81	3 819.61	4 267.29
干鲜果品	2 004.46	2 337.88	2 484.55	2 825.63	3 102.67	4 588.74	3 820.93	3 871.15	4 107.95	5 074.95	5 023.03	5 978.38
棉麻土畜、烟叶	628.88	707.51	665.43	721.53	684.19	465.36	470.80	473.00	484.94	512.79	475.90	399.57
其他	1 834.78	2 102.31	2 347.11	2 332.52	2 969.01	3 267.80	3 073.52	3 281.66	3 228.40	2 076.60	3 613.11	3 776.69

数据来源：中华人民共和国国家统计局。

农产品批发市场作为农产品市场的核心环节之一，自1988年，我国启动“菜篮子工程”，各地政府加大了对农业基础设施的投资，有力推动了农产品批发市场的建设和发展，这不仅增强了农产品市场的供给能力和流通效率，也切实保障了城乡居民的蔬菜供应。目前，我国已初步形成专业性与综合性相结合，产地、集散地与销地相衔接的农产品批发市场体系，成为连接农产品生产与消费的重要渠道。国家统计局统计数据显示，2012年我国亿元以上的农产品批发市场成交额为12 878.67亿元，到了2023年成交额已经达到了20 761.44亿元，上涨幅度为61.25%。我国农产品批发市场承担了全国近70%的农产品流通任务，年交易额亿元以上的农产品市场1 382家[①]。2023年，农产品批发市场交易额占农产品市场交易额的比例更是高达96.75%。详见表3-2：

① 中华人民共和国农业部. 关于政协第十四届全国委员会第一次会议第03942号（农业水利类323号）提案答复的函［EB/OL］.［2023-08-30］. http://www.moa.gov.cn/govpublic/SCYJJXXS/202308/t20230831_6435573.htm.

表3-2　　2012—2023年我国亿元以上农产品批发市场成交额　　单位：亿元

分类＼年份	2012	2013	2014	2015	2016	2017	2018	2019	2020	2021	2022	2023
农产品市场	12 878.67	13 760.76	14 653.47	15 580.87	16 539.21	18 365.68	17 308.66	18 787.34	17 706.80	20 306.10	18 872.39	20 761.44
粮油	1 585.82	1 507.03	1 690.06	1 804.35	1 602.36	1 578.49	1 684.66	1 885.43	2 023.43	2 366.14	1 377.74	1 184.93
肉禽蛋	872.57	1 028.20	1 151.23	1 200.07	1 352.96	1 266.27	1 317.95	1 882.75	1 726.54	1 879.40	1 755.32	1 760.73
水产品	2 819.68	2 648.95	3 025.15	3 116.56	3 048.61	3 487.63	3 577.73	4 130.99	3 152.71	3 632.39	3 311.42	3 796.82
蔬菜	3 521.47	3 703.63	3 656.35	3 889.49	4 149.54	4 137.04	3 845.97	3 742.97	3 457.70	3 789.51	3 716.84	4 162.12
干鲜果品	1 982.04	2 316.49	2 479.04	2 823.00	3 092.70	4 582.94	3 798.29	3 868.33	4 105.19	5 072.02	5 020.02	5 975.24
棉麻土畜、烟叶	626.96	707.51	664.23	720.43	678.52	457.49	465.80	463.10	469.77	493.47	455.88	383.61
其他	1 470.15	1 848.95	1 987.41	2 026.97	2 614.51	2 855.81	2 618.25	2 813.78	2 771.40	1 879.40	3 235.16	3 498.00

数据来源：中华人民共和国国家统计局。

我国的农产品批发市场已经形成了一个覆盖全国各大中小城市及主要农产品产区的密集营销网络，这一网络有效连接了产地与消费市场，横跨南北，通达全球国际市场。而农产品零售市场则是依托这一流通网络，承担着农产品营销的最后环节，直接面向消费者，包括农贸市场、大型超市、社区便利店和街头菜市场等终端销售组织。2012年12月，中共中央、国务院印发《中共中央 国务院关于加快发展现代农业进一步增强农村发展活力的若干意见》，提出要“加快推进以城市标准化菜市场、生鲜超市、城乡集贸市场为主体的农产品零售市场建设”“大力培育现代流通方式和新型流通业态，发展农产品网上交易、连锁分销和农民网店”。

国家统计局统计数据表明，2012年我国亿元以上农产品零售市场的成交额为834.97亿元，到2023年成交额上涨至691.92亿元，详见表3-3。然而，在2019年我国农产品零售市场成交额开始出现回落，这是由于随着供应链建设特别是冷链配送技术的进步，冷链配送环节更加方便快捷，并且有效降低了农产品在运输过程中的损耗成本，而这进一步使得我国生鲜网络购物进入黄金发展期。根据中国农业科学院农业信息研究所发布《中国农产品网络零售市场暨重点单品分析报告（2020）》统计，2019年生鲜产品网络零售额超过1 094亿元，成为农产品上行第一大品类，网络零售量同比增加78.4%，成为规模最大、增速最快的类目①。同时，据《2023年度中国生鲜电商&社区团购市场数据报告》统计，2023年生鲜电商交易规模达到6 424.9亿元，同比增长14.7%；生鲜电商行业2023年渗透率为12.5%，同比增长21.59%。

表3-3　2012—2023年我国亿元以上农产品零售市场成交额　单位：亿元

分类 \ 年份	2012	2013	2014	2015	2016	2017	2018	2019	2020	2021	2022	2023
农产品市场	834.97	823.32	854.35	902.96	927.31	981.00	1 018.61	997.97	907.47	823.23	788.16	691.92
粮油	55.44	58.08	63.67	65.58	66.84	49.48	22.41	31.87	17.66	26.59	13.89	3.54
肉禽蛋	156.50	196.01	177.04	201.14	193.46	206.99	226.65	221.49	216.66	197.17	177.61	161.53
水产品	154.44	159.87	132.03	202.57	185.33	173.67	160.28	127.19	108.01	103.85	92.92	123.88
蔬菜	79.61	134.62	115.21	124.39	111.54	125.20	126.35	136.83	90.21	66.29	102.77	105.17
干鲜果品	22.42	21.40	5.51	2.63	9.97	5.80	22.64	2.81	2.76	2.93	3.01	3.14
棉麻土畜、烟叶	1.92	null	1.21	1.10	5.67	7.87	5.00	9.90	15.17	19.32	20.02	15.96
其他	364.63	253.35	359.69	305.56	354.50	411.99	455.27	467.88	457.00	407.07	377.95	278.70

数据来源：中华人民共和国国家统计局。

可见，随着农产品电商供应链的不断优化，各类时令水果的流通范围显著扩大，网络零售平台逐渐成为消费者购买生鲜产品的主要渠道，这无疑将

① 佚名. 2019年全国生鲜产品网络零售额近1 100亿元，您贡献多少？[EB/OL]. [2021-03-09]. https://baijiahao.baidu.com/s?id=1693742387666687712&wfr=spider&for=pc.

压缩我国实体农产品零售市场的交易份额。

3.2.2 农产品营销流通状况

营销是生产和消费的关键中介。农产品的营销就是旨在通过交换实现农产品从生产领域向消费领域的转移。然而，农产品与工业制成品有着根本性的区别：工业制成品多数一次成型，可长久储存；而农产品却仍然保留着生命体的物理特性，导致其保存时间非常有限。特别像新鲜蔬菜、瓜果等鲜活农产品不易储藏，对外界环境的温度、湿度等要求较高，在运输的过程中与空气接触，极易腐烂变质，造成资源浪费。即使在流通的过程没有发生腐烂现象，也不可避免地会出现磕碰剐蹭等行为，这将使新鲜蔬菜和瓜果等鲜活农产品在外形品相上遭到破坏，从而降低了其原有的市场价值。而像谷物粮食等农产品虽然相较鲜活农产品更易储藏运输，但其内含的营养价值仍会在其储藏运输的过程中而不断流失。

除此之外，随着我国经济社会的快速发展，人们的生活、消费水平也在不断提升，人们对农产品多类型的消费需求日益强烈。在农产品社会化大流通的背景下，市场的范围得以延伸，交易空间得以拓展，人们可以坐在家中品尝到来自全球各地的不同种类的新鲜农产品。而这也意味着，农产品营销所面临的挑战正日益严峻。举例来说，科学研究显示，蔬菜、水果、鸡蛋、啤酒、饮料等食品在2℃~8℃的冷藏温度区保存能保证其品质；鲜鱼、鲜肉在0～2℃的零度保温区，能短期存放1～2天，品质不受影响；肉类、鱼类、速冻食品在零下18℃~21℃的冷冻温区内，能存放更长时间。因此，在农产品营销过程中科学控温，可以有效地延长农产品的保质期限从而扩大农产品营销半径。而科学控温这一技术要求则与农产品的冷链物流发展密不可分。

近些年来，全国社会物流总额增幅显著，从2012年的177.3万亿元增长到2023年的352.4万亿元，同比增长5.2%。根据中国物流与采购联合会预测，2024年全年，我国社会物流总额达到将近360万亿元。然而，2023年，农产品物流总额为5.3万亿元，同比增长4.1%；当年农产品物流仅仅占社会物流总额的1.5%。由此可以看出，无论在横向上与社会物流总额相比较还是在纵向上与其自身发展速度相比较，我国农产品物流在整体层面上发展较为缓慢，滞后于整个社会产品流通的发展步调。

同时，我国农产品营销发展水平较为落后，主要是我国农产品冷链流通技术、基础设施等方面的不完善造成的。中国物流与采购联合会冷链物流专业委员会发布的《中国冷链物流发展报告（2024）》指出：2023年全系统新增冷库库容207万吨，累计达1 000万吨；全国冷库总量约为2.28亿立方米，同比增长8.3%；全国冷链基础设施建设投资约585.5亿元，同比增长8.2%；全国冷藏车市场保有量达到43.2万辆，同比增长12.9%。在"双碳"目标的持续推进和政策支持下，新能源冷藏车销量同比增长61.3%。

然而，与冷链发达国家相比，我国人均冷库保有量约为0.16立方米，明显低于美国人均保有量的约0.42立方米和日本的约0.31立方米。同时，据《中国农产品产地冷链物流发展报告（2024）》统计，2023年我国农产品产地综合低温处理率为32.0%；果蔬、肉类、水产品产地低温处理率分别为24.0%、80.0%和83.0%①，而欧美国家低温处理率超过95%（肉禽低温处理率达到100%，蔬菜和瓜果的低温处理率达到95%以上）。

上文已经提到，农产品不同于工业制成品，特别是鲜活农产品在运输和储藏过程中都需要对湿度和温度进行科学监控，从而避免农产品的腐烂变质。相关数据显示，截至2023年，我国公路冷链物流在所有冷链运输方式中占据主导地位，其货运量占总冷链运输的89.73%，其中轻型冷藏车占比超过60%。公路冷链物流涉及长时间、长距离的运输，车辆在行驶过程中可

① 中华人民共和国农业农村部.《中国农产品产地冷链物流发展报告（2024）》正式发布［EB/OL］.［2024-11-29］. http://www.moa.gov.cn/xw/zwdt/202411/t20241129_6467246.htm.

能会遭遇不同的环境温度变化，特别是在极端天气条件下，冷链车辆无法保证温度的稳定性。因此，尽管我国水果蔬菜无论在品质还是数量上均占世界首位，但是在不具备充分冷链流通的情况下，果蔬类食品损耗量高达15%（发达国家的损耗量约为5%），损耗价值超过500亿元，造成了巨大的浪费。图3-4表明了我国与欧美国家的农产品损耗率对比情况。

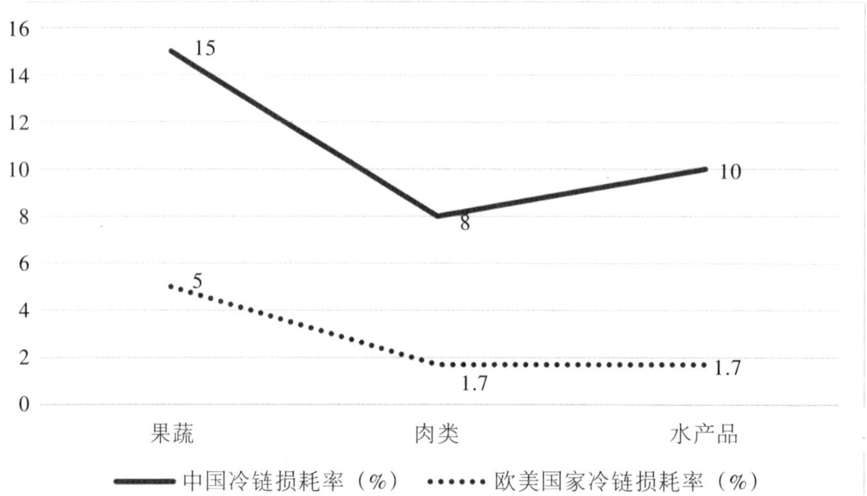

图3-4　我国与欧美国家的农产品损耗率对比情况

3.2.3　农产品营销成本情况

“民以食为天”。自古以来，农业发展的好坏与国家的兴替息息相关。农产品价格的稳定和充足供给对人们的日常生活至关重要。农产品不同于工业制成品：人们对工业制成品的需求具有弹性，而对农产品的消费则是人类生存发展的前提，因此，人们对农产品的需求是刚性的。那么，如何有效降低农产品的流通成本，确保我国百姓买到物美价廉的新鲜农产品是研究当前农产品营销发展的重要议题。

《中国农村统计年鉴》数据显示，2012—2021年，中国稻谷、小麦和玉米三大主粮平均成本由2.03元/千克上涨至2.33元/千克，增长14.87%。2021

年三大主粮每千克平均出售价格为2.57元，较2012年仅增长7.21%，其中2016—2019年粮食的平均出售价格更是低于平均成本[①]。特别是近些年来，因各种外界因素的扰动，农产品的生产价格波动较大。如图3-5所示，2019—2021年，中国农产品生产价格指数（PPI for agricultural products）呈现显著上升趋势，与其他年份的相对平稳形成鲜明对比。一方面，中美贸易摩擦中美国对农产品加征关税，促使国内转向其他市场采购，导致进口成本上升，形成成本推动型通胀，从而推高了农产品生产环节的价格。另一方面，全球供应链的中断加剧了价格上涨压力。2020年新冠疫情的爆发，使得全球物流运输受阻，供应链韧性面临严峻考验。运输成本的上升以及化肥等农资的供应瓶颈，导致农业生产成本普遍提高，最终反映在农产品生产价格上，如图3-5所示。

图3-5　2012—2023年我国农产品生产价格指数

数据来源：中华人民共和国国家统计局。

具体来说，如图3-6所示，2017年我国农业生产资料指数为100.6，而

① 郑丹．农村老龄化、年轻人不愿种地，“谁来种地”难题求解［EB/OL］．［2024-02-07］．https：//news.qq.com/rain/a/20240207A0003J00/.

2020年农业生产资料指数已升至106.1，涨幅为5.47%。可见，自2018年中美贸易战爆发以来，双方在关税和贸易壁垒上的摩擦不断升级，导致两国之间的农产品和农业生产资料贸易受到显著影响。对我国而言，这场贸易战不仅直接影响了农产品的进口和出口，也间接加剧了国内农业生产资料成本的上升。例如，美国是全球重要的氮肥、磷肥和钾肥生产国，而我国对这些肥料的进口依赖度较高。关税的上调导致从美国进口的生产资料成本显著上升，进而影响我国化肥市场价格走势。尽管中国通过调整进口渠道和寻找替代市场来减轻这 ·压力，但短期内进口来源变化和物流成本增加仍然推动了生产资料价格的上涨。

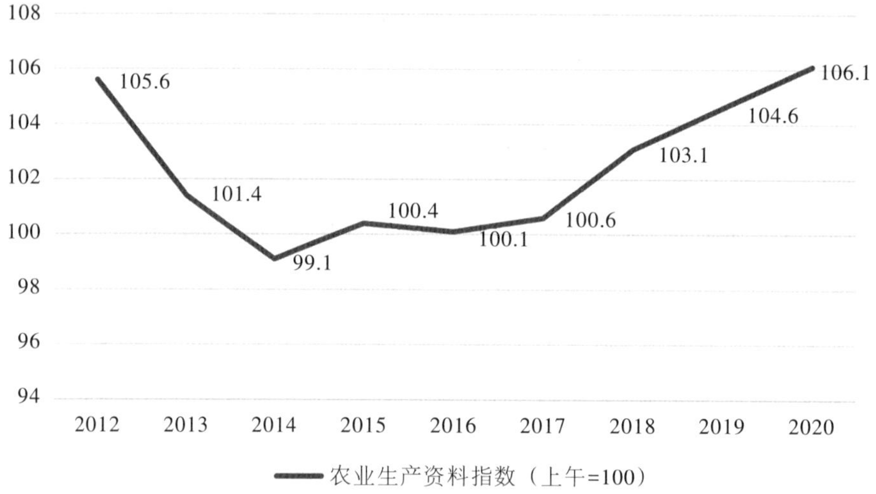

图3-6　2012—2020年我国农业生产资料指数

数据来源：中华人民共和国国家统计局。

3.2.4　农产品营销主体情况

首先，农民毫无疑问是农产品直接的生产者和提供者，他们是整个农产品营销链的源头。2019年12月10日，人社部、财政部、农业农村部发布《关于进一步推动返乡入乡创业工作的意见》，支持农民工、高校毕业生和退役军人等人员返乡入乡创业，以创新带动创业，以创业带动就业，促进农村一二三产业融合发展。党的二十大报告强调，“巩固和完善农村基本经营制度，发展新型农村集体经济，发展新型农业经营主体和社会化服务，发展农业适度规模经营”。2025年1月，中共中央、国务院印发《乡村全面振兴规划（2024—2027年）》，明确提出：“强化农民增收举措……支持返乡入乡创业……完善产业链利益联结机制，发展农业产业化联合体，引导企业与小农户加强利益联结，推动增值收益分配向农户倾斜。培育壮大新型农业经营主体，推动相关扶持政策同带动农户增收挂钩。”这一系列政策的出台为农村发展带来了新契机、新活力，吸引了大批农村劳动力回流。根据农业农村部数据，从2012年到2022年底，返乡入乡创业人员累计达到1 220万人；根据《“十四五”农业农村人才队伍建设发展规划》，到2025年，这一数据将超过1 500万人[①]。这批有知识、有干劲、有资本的青年群体正日益成为我国农村农民创业的新典范，他们积极尝试将农业与互联网进行有效连接，注册自己的商业品牌，运用现代电子商务技术，开展网络营销推广，纷纷建立起了新型网络销售平台，推动了农村产业的创新升级，对农村未来发展发挥着重要的引领作用。智研咨询研究院统计数据显示，截至2024年，淘宝村已经覆盖28个省（自治区、直辖市）和180个市（地区），数量达到7 780个，较去年增加757个，增速为11%。淘宝镇数量达到2 429个，增加258个，增速为12%。

其次，农民合作社是当前我国有效将零散农民组织起来的重要经济组织。在传统的农业生产和销售中，农民往往需要通过多个中介商（如批发商、零售商等）将农产品推向市场。这不仅增加了流通环节的成本，还可能导致农民收入减少。而农民专业合作社作为一个集体组织，能够直接与批发商、加工厂、零售商对接，减少中介环节，降低交易成本，使农民获得更多

① 郑智维. 大学生、海归、企业家……10年间1220万人返乡当了新农人［EB/OL］.［2023-12-18］. https：//baijiahao.baidu.com/s? id=1785613407029592532&wfr=spider&for=pc.

利润，提升农民的经济收益。然而，在2007年7月1日《中华人民共和国农民专业合作社法》试行之前，农民专业合作社有着各种各样的称谓，如农民合作经济组织、农民专业协会、农民合作协会等，尽管这些称谓都表现出了其是以农村广大农民为主体，通过普遍合作最终形成一种互惠互利、自负盈亏的经济组织这一内涵，但是由于缺乏法律制度上的规范和保障，农民专业合作社在实际建立和运营的过程中成员的权益往往无法得到切实保障，这导致了我国农民专业合作社发展较为缓慢。

进入新时代后，中央开始高度重视和推进我国农民专业合作社的规范健康发展。2012年4月，国务院办公厅印发《国务院办公厅关于进一步做好减轻农民负担工作的意见》，提出要“深入治理加重村级组织和农民专业合作社负担问题”“加强农民专业合作社负担监管，深入治理乱收费、乱罚款和集资摊派等问题，加大动态监管和跟踪督查力度，推动落实各项优惠扶持政策”。国家工商总局公布的2012年度数据显示，农民专业合作社发展至68.9万家，同比增长32.07%，出资总额约为1.1万亿元，涨幅近52.07%。

2016年，中共中央、国务院印发《中共中央 国务院关于落实发展新理念加快农业现代化实现全面小康目标的若干意见》进一步要求“完善农业产业链与农民的利益联结机制。促进农业产加销紧密衔接、农村一二三产业深度融合，推进农业产业链整合和价值链提升……支持供销合作社创办领办农民合作社，引领农民参与农村产业融合发展、分享产业链收益……加强农民合作社示范社建设，支持合作社发展农产品加工流通和直供直销”。2016年12月，《中共中央 国务院关于深入推进农业供给侧结构性改革加快培育农业农村发展新动能的若干意见》，提出“加强农民合作社规范化建设，积极发展生产、供销、信用‘三位一体’综合合作”。2023年2月，《中共中央 国务院关于做好2023年全面推进乡村振兴重点工作的意见》，提出“做大做强农产品加工流通业。实施农产品加工业提升行动，支持家庭农场、农民合作社和中小微企业等发展农产品产地初加工，引导大型农业企业发展农产品精深加工”。2024年2月，《中共中央 国务院关于学习运用“千村示范、万村整治”工程经验有力有效推进乡村全面振兴的意见》，提出“提升家庭农场和农民合作社生产经营水平，增强服务带动小农户能力。加强农业社会化服务平台和标准体系建设，聚焦农业生产关键薄弱环节和小农户，拓展服务领域和模式”。国家一系列涉农支持性政策的出台有力地刺激了企业家在农村投资的热情，也极大地鼓舞了人们在农村这块舞台上创业的积极性。目前，越来越多的资本、人才投入到了农业领域中，涉农企业迅速发展，数量显著增加，农产品营销企业迎来了空前繁荣的发展时期。据统计，截至2024年3月底，纳入全国家庭农场名录系统的家庭农场近400万个，全国依法登记的农民合作社达219.7万家，农民合作社依法自愿组建联合社1.5万家，有50.2万家新型农业经营主体注册了商标或通过了农产品质量认证[①]。

最后，农业产业化龙头企业在农产品营销链中发挥着关键的引导作用，是我国现代农业体系不可或缺的组成部分。传统农业营销渠道普遍依赖众多中介，导致信息不对称，农民与市场之间存在显著距离，往往引发价格波动和销售利润低下。相较之下，农业产业化龙头企业凭借其规模化和专业化优势，能够通过高效的供应链管理与渠道整合，直接连接农产品生产与消费市场，降低中间环节，从而减少交易和流通成本，提升农产品的市场竞争力。这种整合不仅优化了流通效率，还促进了农村生产与市场需求的对接，为农民提供了更为稳定的销售渠道。同时，龙头企业通过品牌建设为农产品创造更高的附加值。在我国，尤其是在农村市场，农产品的品牌认知度较低，消费者的购买决策主要依赖价格和外观，而忽视质量与来源。农业产业化龙头企业通过规模化运营与产业化管理，能够实现统一管理、规范生产，并通过标准化质量控制体系提升农产品的质量和一致性。此外，龙头企业通过建立区域性或全国性品牌，逐步改变消费者的购买习惯，使品牌成为品质保障和

① 中华人民共和国农业农村部. 对十四届全国人大二次会议第3729号建议的答复摘要［EB/OL］.［2024-08-07］. http: //www.moa.gov.cn/govpublic/NCJJTZ/202408/t20240801_6460100.htm.

附加值的重要标志，这对农产品营销渠道的拓展至关重要。

近些年来，我国农业产业化龙头企业发展迅速，在农业生产、加工、流通等环节均展现出强劲的增长势头，对农业现代化和农村经济的推动作用持续增强。而国家重点农业产业化龙头企业更是农业产业化经营的核心，它一头与广大的农户连接在一起，而另一头与流通商或消费者紧密联系，是我国农产品营销渠道中重要的桥梁，对农业的发展具有非常重要的带动作用。根据《2024中国新型农业经营主体发展分析报告》统计，截至2024年，全国共有农业产业化国家重点龙头企业2 285家，县级以上农业产业化龙头企业9万多家。2023年中国农业企业500强的总营业收入达到49 994.10亿元，同比增长4.18%。然而，尽管我国农产品经营企业有了长足的发展，但是企业的生产、经营规模与西方发达国家相比还有着较大的差距。目前，我国涉农企业大多数以中小型企业为主，并且绝大部分企业只是从事农产品的简单加工和农产品的初级生产工作，总体上组织程度不高，产业较为分散，缺乏农产品品牌优势和价格竞争力，短期内无法实现农产品营销的现代化、规模化、产业化的发展要求。

3.3 我国农产品营销渠道现存的问题

3.3.1 农产品营销渠道组织化程度低

农产品营销渠道组织化程度低，严重制约农产品营销渠道的优化。当前在我国从事农产品的生产和流通两大领域中，农户所占的数量最为庞大。然而，他们同时也是我国整个农产品营销渠道体系中竞争力最弱的流通主体。我国农户进入市场的组织化程度普遍较低，农户参与合作的比例不高。长期以来，受传统村农自然经济和小农意识的影响，我国农户在农产品营销过程中缺乏市场意识、参与意识、保护意识和合作意识。他们往往比较分散，各自从事简单的农产品生产，等到秋收季节再各自运往集市出售。因为生产规模较小，他们对市场的供求反应不敏感，参与流通的主动性也不高，这使得他们在农产品营销市场中处于被动地位。

这种“一家一户的小农经济，分散经营、使用落后工具、利用落后技术、组织化程度低、比较效益低，排斥资本、技术、知识和人才等现代生产要素向农业生产领域转移，成为现代农业发展最大的障碍”。家庭分散经营、农户的组织化程度较低不仅无法切实提高农民的经济收入，更严重影响了我国农产品营销现代化的实现。因此，提高农户的组织化程度，让零散分散的农户以多种多样的市场交易模式参与到农产品的生产和流通中，可以有效解决“小农户”与“大市场”对接难的问题。

可见，当前我国农户的组织化程度显然有待提高。《第三次全国农业普查主要数据公报》显示，全国共有31 422万农业生产经营人员，农业普查登记的以农业生产经营或服务为主的农民合作社91万个；20 743万农业经营户，其中，398万规模农业经营户①。可见，加入农业合作社的农户占到全国农户总量的66%左右。相较于发达国家农户的组织化情况，我国农民入社率还有待提高。如日本农户加入农协的比例高达97%，法国农户也达到了90%（王晓严，2011）。

此外，农民专业合作社是农产品营销渠道体系的重要组成部分，它在具体农产品营销过程中的作用是非常重要的。目前国内已经有大量的学者将关注点集中在了农民专业合作社对农产品营销渠道现代化改革的作用研究层面，他们或用流通理论推导或用现实生活案例演绎，已经取得了一定的研究成果，并得到了学界的认可，验证了农民专业合作社不仅在农产品的生产领域作用突出，还有助于提高农民在农产品市场交易中的弱势地

① 国家统计局. 第三次全国农业普查主要数据公报（第一号）[EB/OL]. [2017-12-14]. https://www.stats.gov.cn/sj/tjgb/nypcgb/qgnypcgb/202302/t20230206_1902101.html.

位，更有力地论述了农民专业合作社在农产品营销效率方面的一定积极作用。例如，隋姝妍和大岛一二等强调了农民专业合作社在农产品营销中的作用，指出农民专业合作社参与农产品营销体系的必要性和可行性。

然而，在上文关于我国农产品营销渠道现状一节中已经有所介绍，尽管当前我国农民专业合作社较以往有了突飞猛进的发展，但是其整体在组织化层面还存在不容忽视的不足之处。具体来说：其一，农民专业合作社的组织规模较小。目前，我国农民专业合作社大多数还停留在某个村子范围或左邻右舍之间的合作阶段，很少有成员达到上千甚至上万人的大规模合作组织。据统计，截至2023年10月底，全国登记在册的合作社数量为221.6万家，组建农民专业合作社联合社（以下简称“联合社”）仅为1.5万家①。可见，我国农民专业合作社规模较小，没有形成跨区域的大型合作社，也没有形成农业纵向一体化发展，这导致产业化生产经营能力有限，对优化农产品营销作用有限。其二，与欧美国家相比，中国农民专业合作社农业订单比重较低，这已成为制约我国农业产业化发展的重要因素。例如，荷兰最大的乳制品合作社菲仕兰坎皮纳（Friesland Campina）既要求会员需采用合作社统一提供的饲料配方和养殖技术，确保原奶品质达到加工要求，形成“技术标准-生产监管-质量溢价”的闭环管理体系；又通过制定风险共担与利益分配机制，签订长期合同，保障农民收益，实现规模化经营，最终使企业的订单履约率在业界遥遥领先。而我国的农民专业合作社则存在“重数量轻质量”“重组建轻运营”等问题。例如，虽然寿光蔬菜产业发达，但许多农民仍然依赖零散的市场交易，缺乏有效的履约保障机制，合同约束力较弱，导致合作社难以与大型农业企业进行平等竞争，也难以充分调动农民的生产积极性。

因此，这种高度分散、独立经营、单打独斗的小规模经营活动，农业生

① 高杨，关仕新，等. 2023中国新型农业经营主体发展分析报告（一）[EB/OL]. [2023-12-27]. http://www.jsnc.gov.cn/xwzx/xwdt/2023/12/27171417914.html.

产率、农产品商品率都比较低，产品质量难以提高。只有加快提高合作社的组织化程度，持续优化农产品营销渠道，才能有效解决小农经济残余与社会化大生产需求之间的矛盾，实现农业的产业化和现代化。

3.3.2 农产品营销的数智化水平不高

农产品营销渠道的现代化改革离不开现代化信息化、数字化、智慧化技术的支撑。现代化数智技术主要是指器械化、信息化的分拣、包装、仓储和配送技术以尽可能地降低农产品营销环节的损耗。例如，GPS（全球定位系统）、GIS（地理信息系统）、EDI（电子数据交换）、BC（条码技术）、RFID（无线射频技术）、NDT（无损检测）、POS（销售时点系统）、农业农村大数据平台等。这些现代化数智技术在农产品营销领域的广泛应用不仅可以实现对农产品营销的追溯从而保证食品安全，更可以实现农产品营销交易的电子化、信息化发展。

近年来，我国聚焦智慧农业发展的重点领域和关键环节，瞄准农业农村生产管理面临的难点问题，组织实施智慧农业3大行动，加快推动了智慧农业全面发展，有力支撑农业现代化建设。2024年10月，农业农村部关于印发《全国智慧农业行动计划（2024—2028年）》的通知，提出“到2026年底，智慧农业公共服务能力初步形成，农业生产信息化率达到30%以上。到2028年底，智慧农业公共服务能力大幅提升，农业生产信息化率达到32%以上”。《中国互联网络发展状况统计报告》显示，截至2024年底，全国累计建设村级寄递物流综合服务站33.78万个，“寄递+农村电商+农特产品+农户（合作社）”模式广泛推广。数据、先进技术、人才等资源要素在城乡之间高效流动，为发展智慧农业、繁荣农村电商、建设农产品品牌等带来重要契机。2023年全国农业生产信息化率达27.6%；2024年前三季度，农村网络零售额同比增长8.3%，农产品网络零售额同比增长18.3%；截至2024年11月底，全国绿色、有机、名特优新和地理标志农产品认定总数达

8.1万个，同比增长6%。①

我国系列支农惠农政策接连出台，加快推进了农村数字基础设施建设，推动了互联网、物联网、大数据、人工智能等数字技术与农业产业链的深度融合，为农业新业态发展提供了前所未有的机遇。但目前我国农产品营销链条的信息化、现代化水平与西方发达国家相比还是有着一定差距。例如，美国亚马逊的生鲜频道，可以根据用户的购买历史、浏览记录等信息，为用户推荐个性化的商品，并提供定制化的服务以提高消费者复购概率。而我国尽管农产品电商平台发展迅速，但智能营销水平相对较低。很多农产品电商平台仍然采用传统的促销方式，例如打折、满减等，缺乏个性化推荐和精准营销。再如，欧盟建立的“食品和饲料快速预警系统（RASFF）”可以通过扫描二维码或输入编码，追溯到生产地、生产者、生产过程、农药使用情况、检测报告等详细信息，提高消费者对农产品质量安全的信任度。而我国农产品质量安全追溯系统建设仍处于初级阶段，农产品质量安全追溯系统的覆盖率远低于西方发达国家。

3.3.3 农产品营销的冷链设施供给不足

农产品营销设施的现代化建设是农产品营销现代化改革成功的基本物质前提。农产品营销的基本设施主要包括了农产品的仓储与配送设施、农产品冷链物流设施和农产品的公路、铁路、航空、河海运的道路设施建设。近年来，便于我国农产品营销的道路设施建设有了较为明显的发展，国家统计局公布的数据显示，2023年末我国铁路、公路货物运输平均运距分别为15.87万公里、543.68万公里；水运货物运输平均运距为1 387公里；水运、民用航空货物运输平均运距为3 857公里，这在一定程度上推动了我国农产品营销现代化的进程。

---

① 陈宸，黄延敏.培育乡村新产业新业态［EB/OL］.［2025-02-04］.https://baijiahao.baidu.com/s?id=1823076164590517324&wfr=spider&for=pc.

然而，正如上文中已经有所介绍到的，当前我国鲜活农产品营销所必需的冷链物流，即预冷、冷却、冷藏等环节的运输都与西方发达国家存在非常明显的差距。这导致我国农产品在流通过程中存在3个1/3，即“吃掉1/3、扔掉1/3、烂掉1/3”，造成了资源的巨大浪费和农民经济损失。具体原因包括：一方面，我国肉类冷链流通率只有30%，果蔬不到20%，而发达国家冷链物流体系较为完善，覆盖范围广，冷链流通率在90%以上①，能够有效减少农产品损耗，保证农产品质量。我国冷链物流设施不足，冷藏车人均保有量远低于发达国家；且分布不均，主要集中在沿海发达地区，中西部地区和农村地区覆盖率低。另一方面，我国需要冷冻、冷藏的农产品大约有13亿吨，而全国冷链仓储能力仅有7 000万吨②，导致我国农产品产地预冷保鲜率仅为30%，也远低于欧美地区发达国家的80%③。例如，美国许多农场都配备了预冷设备，可以在采摘后立即对农产品进行快速降低产品温度以延长保鲜期。而我国许多农村地区的预冷设施建设不足，农产品采摘后只能堆放在田间地头，无法及时进行预冷处理，导致产品容易腐烂变质。

由此可见，由于当前我国冷链物流设施的落后，很多鲜活的农产品在运输的过程中腐败变质，这不仅造成了农产品营销过程中的巨大损失，也在一定程度上限制了部分鲜活农产品营销的范围和距离，阻碍了全国农产品物流流通体系的现代化进程。

3.3.4 农产品营销的渠道创新能力不足

随着我国市场化进程的逐步深化发展，人们消费需求的不断提升，农产品营销组织也创新了多种多样的商业运作模式，为农产品营销体制的现代化

---

①朱美乔．加强产地冷库建设，补齐物流体系短板，让我国农产品冷链运输不“断链”［EB/OL］．［2021-10-15］．https：//www.coopcc.com/news.html？aid=1724848.

②吴茂玉．科技赋能农产品流通高质量发展［EB/OL］．［2023-02-28］．https：//www.chinacoop.gov.cn/news.html？aid=1771223.

③佚名．生鲜电商井喷，物流需求旺盛——“冷”不断链“鲜”能行远［EB/OL］．［2020-08-12］．https：//nyncj.wuhan.gov.cn/xwzx_25/xxlb/202008/t20200812_1419198.html.

改革注入了新的活力。然而，实际交易中，相当比例的农产品交易活动是以在产区自发形成且以农贸市场对手、小批量交易为主，各地区可供大宗农产品交易的平台很少。从事农产品交易的中间商规模较小且类型比较单一，面对城乡终端消费用户的销售方式主要是农贸市场贸易和街头贩卖，农产品的分销能力不足。目前，我国农产品营销渠道主要有以下几种模式：

第一，农产品批发市场企业。尽管近些年，农产品批发市场有了可喜的发展，智研咨询统计数据显示，2022年我国农产品批发市场成交额约为6.40万亿元，成交量约为10.38亿吨，分别同比增长10.1%、6.0%。然而，2022年我国亿元以上农产品批发市场数量约为730家，同比下降6.5%[①]。可见，我国农产品批发市场行业集中程度还较低，仍然停留在分散竞争型行业类型中，对农产品营销价值链上的掌控能力非常有限。

第二，农产品超市和农贸市场等。农产品超市和农贸市场处于农产品营销中的零售环节，是我国传统的农产品营销渠道的重要参与者。随着我国城市化进程的加快，越来越多的便民式社区农产品超市、农贸市场、街道农产品连锁店等逐渐规范、普及、迅速发展。它们向消费者提供不同种类、不同档次的新鲜农产品，满足了现代人生活节奏快、追求方便快捷的消费诉求。然而，这类企业往往仅能向消费者提供应季的新鲜农产品，并且农产品的流量较小，食品安全得不到有效保证。

第三，农产品电子商务。随着网络技术的逐步成熟和发展，“互联网+”时代来临。中国互联网络信息中心发布的第55次《中国互联网络发展状况统计报告》显示，截至2024年12月，我国网民规模达11.08亿人，互联网普及率达78.6%。其中，我国农村网民规模达3.13亿人，占网民整体规模的28.2%。对此，农产品营销企业也开始积极探索“农产品+网络”这一新型的流通方式。2024年3月，商务部等9部门联合下发《关于推动农村电商高

① 智研咨询. 2023年中国农贸市场（农产品批发市场）行业现状及趋势分析：互联网经济助力农批市场交易额及交易量创新高［EB/OL］.［2023-09-18］. https://www.chyxx.com/industry/1157172.html.

质量发展的实施意见》，提出“深入实施数字乡村发展行动，以技术和应用创新为驱动，推动农村商贸流通企业转型升级，促进电商与农村一二三产业全方位、全链条深度融合，培育新业态、新场景，构建协同、创新、高效的农村电商生态圈，畅通城乡经济循环，促进农民增收和农村消费”。我国商务部发布数据显示，2024年社会消费品零售总额达48.8万亿元，其中，全国农村网络零售额同比增长6.4%，农产品网络零售额同比增长15.8%。

然而，《2023中国新型农业经营主体发展分析报告——基于中国农民合作社500强的调查》发布数据显示，2022年，500强合作社平均加工销售收入占比虽有提升，但仍不足一半，仅为46.75%。从事电子商务、休闲农业和乡村旅游等新产业新业态的合作社占比不高。可见，尽管我国农产品电子商务有着巨大的发展前景，但现阶段我国农产品电子商务企业多为粗放式经营，同质化竞争严重，据统计，近九成农村电商采取的是农产品直播带货模式。从上游的农产品选择，到物流企业选择，再到下游客户服务，产业链较长，投入又非常大，企业生存压力巨大。

4
拓展的“政治–经济”分析框架

研究农产品营销渠道变迁问题有必要对影响农产品营销渠道变迁的因素进行分析。本研究根据我国的国情，拓展了斯特恩和里弗的“政治-经济”分析框架，认为除了政治、经济因素之外，技术进步及消费者行为对农产品营销渠道的变迁均有影响。其中，政治要素在本研究中主要考虑政府的公共政策对农产品营销渠道变迁的影响。

4.1 “政治-经济”分析框架

4.1.1 “政治-经济”分析框架的提出

斯特恩和里弗在1980年发表了《“政治-经济”分析框架下的营销渠道》一文，这篇论文给出了一个关于营销渠道的分析框架，认为渠道成员的行为受经济和政治-社会因素影响，并且提供了对这个框架进行比较分析的起点。这个框架综合了当时关于营销渠道的研究成果，给出了一个十分重要的研究领域。他们认为关于营销渠道的研究总体而言较为支离破碎。这一定程度上是因为缺乏一个能够容纳各种研究范式和研究取向的框架，需要一张综合性的“蓝图”——能够描述研究的脉络、研究的范围以及各种概念的边界。如果这张“蓝图”能够得以完成，那么这个领域中的学者将能够更好地了解他们的研究领域与他人之间的相对位置，并可以互相补充。同时，对于与营销渠道领域研究较为类似的学者可以凭借这个框架迅速接近该领域的实质，并且加以发展。最为重要的是对这个领域并不熟悉的初学者而言，这个框架提供了研究的可能性。

斯特恩和里弗认为尽管营销渠道研究在市场营销学中处于核心地位，这个领域当时的理论研究却有着三个主要的缺陷：第一，学者们过于关注渠道主体在构建、管理渠道行为时的具体技术手段（比如销售人员激励系统、定价程序等）。这些微观取向的研究符合了问题解决式的营销管理传统，然而却很少关注作为竞争实体的营销渠道的维护、适应和演化问题。

第二，渠道理论目前被肢解为两个看似不同的学科取向——经济学取向和行为学取向。前者在营销渠道研究中运用微观经济学理论和产业组织理论，以“效率”为取向，关注交易成本、功能分化、渠道设计。后者则大量借鉴了哲学社会科学和组织行为学的理论，以“社会性”为取向，关注权力和冲突现象。很少有人去综合这两种研究取向。事实上，这两者应当是互为补充的，因为前者主要讨论的是经济“产出”，而后者主要讨论的是行为“过程”。

第三，营销渠道的定量研究被它的研究视野和方法论所极大地限制住了。营销渠道领域中绝大多数的定量研究只是单纯地在描述事实，几乎没有去验证来自理论的原假设。尽管近期的研究进行了更多针对理论关系的系统检验，但这些研究通常局限于分析某个特定行业中的某一个营销渠道。未来的渠道研究应当关注于系统地比较处于不同外部环境条件下的营销渠道，而不应当考虑它们是否来自同一个行业。

对社会系统的“政治-经济”研究能够为解决以上这些问题提供一个很有前途的分析框架。基本上，政治-经济学方法认为社会系统受到重要的经济和政治-社会力量所影响，并呈现出集体性的行为和表象。因此，斯特恩和里弗的目的在于运用“政治-经济”分析框架来深入理解一个营销渠道内部的运行机理，这个框架也有助于理解营销渠道是如何受到外部环境影响，并加以适应的过程。当然，“政治-经济”分析框架只是有效的研究框架之一，它很可能成为全面地绘制“市场营销学蓝图”的一个工具。

“政治-经济”分析框架是针对渠道行为、渠道结构的主要影响/分类变量（要素）的识别和测量工作的起点。这个框架建立起来的前提是，复杂的社会经济关系涉及的是“多边互动”而非简单的“因果关系”机理（例如渠道权力运用和渠道冲突的关系，或者渠道设计和交易成本之类的简单关系)。鉴于目前营销渠道理论的发展现状，为了增加方法论和分析的严谨性，本研究将几对相关的渠道维度分为不同的研究领域。例如：外部-内部、经济-政治、结构-行为。另外，关于“政治-经济”框架的理论研究将会持续经受“不当操作化”问题的考验，比如说研究者选取了一些自变量，然后全局假设一些因变量，却没有指出甚至意识到一些交互变量已经被纳入或被假设为不变。所以“政治-经济”分析框架应该被视为标示或划分渠道相互作用发生范围的一种尝试。“政治-经济”分析视角能够孕育出新的重要研究问题，有潜力贡献出新的理论见解。

在接下来的部分将对“政治-经济”框架展开全面分析。这之后，在本研究的剩余部分会详细探索这个框架之中渠道内部的一系列变量。

4.1.2 “政治-经济”分析框架的主要内容

斯特恩和里弗最早提出了营销渠道分析的“政治-经济”分析框架（如图4-1所示)。其主要理论观点是，外部经济和政治力量作为外在条件，在不断变化下与渠道系统的存续演变产生复杂的交互影响，而渠道系统必须通过内部经济和政治的调适和交互来适应这些变化。这一分析框架的出发点是认为渠道现象可以通过结构（structure）和流程（process）两个维度加以解释，前者说明渠道系统或渠道环境的形态构成，而后者阐述渠道系统或外部环境的行为交互。

内部政治经济要素。营销渠道是由渠道主体们共同追逐自身或集体利益的组织间行为所集合而成的。因此，渠道内行动者们的互动都是遵循一定的社会经济设置的，即内部政治经济要素。为了全面理解渠道内各种维度以及相互作用的关系，政治经济框架主张对渠道内部的研究要结合：(1）内部经济要素，即内部的经济结构和经济过程；(2）内部政治要素，即内部的社会政治结构和过程。

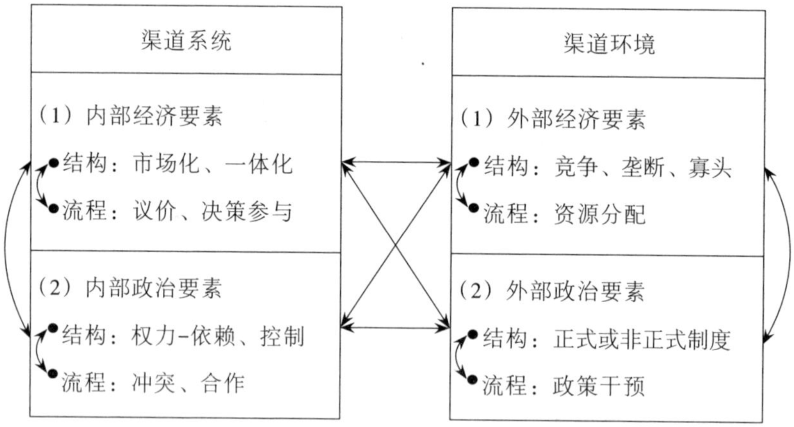

图4-1　斯特恩和里弗的“政治-经济”分析框架

内部经济结构可以被描述为渠道内相互联结成员之间的交易类型，或者说营销渠道内上下游之间的经济制度安排。与此同时，内部经济流程是指渠道成员决策采取何种交易方式的机理。另一方面，内部政治结构被定义为渠道成员间存在的权力-依赖关系的类型，而内部政治流程则是指渠道内部占主导的行为态度（即合作或对抗）。

意识到营销渠道是由内部经济要素和内部政治要素组成，并不是这个框架与前人研究之间最主要的不同之处。“政治-经济”分析框架的主要贡献在于明确坚持，营销渠道中的经济力量与政治-社会力量绝不能割裂地去研究。当意识到经济和政治之间的交互作用后，人们可以更好地解释营销渠道内部的结构和功能，并可以派生出若干新的解释性命题。

外部政治经济要素。组织总是在一定的环境下运行的。一个营销渠道的外部环境是由复杂的经济、物理、文化、人口、心理、政治和技术要素集合而成的。在“政治-经济”框架中，上述这些要素如图4-1所示，可以集中表示为：（3）外部经济要素，即经济环境的现状和趋势。（4）外部政治要素，即营销渠道所在的社会政治系统。一条营销渠道的外部经济要素可以被描述为它的垂直和水平市场（即上下游和同行业市场）环境。外部政治要素可以被描述为渠道外部权力资源的运用以及传递（如竞争对手、监管机构以及行业协会等）。对渠道外部的"政治-经济"环境研究涉及：对拥有权力的外部行动者的分类、外部行动者与渠道之间相互的权力关系和控制手段、不同外部行动者之间的权力关系、渠道成员的行为究竟多大程度上受到外部要素的制约。外部政治和外部经济要素相互作用并确定了渠道的外部环境情况。这二者通过适应和相互作用的过程对内部政治和内部经济要素产生影响。进一步地，渠道本身不是单纯地适应环境，也影响和塑造着外部环境，因此图4-1中两个系统之间的箭头是双向的。

当时关于营销渠道理论的已有研究，可以被很好地纳入这样的分析框架之中——尽管看起来有一些包罗万象——例如关于内部经济要素的"结构"，有若干研究意识到：在同样的内部经济结构下，集中决策越占主导地位，某种产品或服务的营销渠道就越是高效（efficient）和有用（effective）的（Etgar，1976；Gronhaug and Reve，1979）。另一种情况是，在同样的内部经济结构下，集中决策越占主导地位，营销渠道越难以对外部威胁做出迅速反应（Arndt and Reve，1979；Sturdivant，1966）。

关于内部经济要素的"过程"，"政治-经济"框架也总结出了一定的研究脉络，比如垄断市场下的市场交易可能导致信息不均衡、机会主义行为和高额交易成本。此时采取个人关系、习俗或习惯导向的决策机制不足以克服营销渠道中的机会主义行为（Arrow，1974；Williamson，1979；Lindblom，1977）。

关于内部政治要素的"结构"，该框架认为在权力均衡的内部政治结构下，只要维持均衡的力量存在，渠道成员的行为就倾向于合作。然而一旦发生冲突，其破坏性程度要比权力不均衡的内部政治结构下更激烈（Scherer，1970；Gurr，1970）。

关于内部政治要素的"过程"，可能形成的研究假设包括在权力不均衡的内部政治结构下，使用强制性权力会导致破坏性冲突，并且在权力不均衡下，主要使用强制性权力作为治理手段的营销渠道天然地不稳定，导致缺乏竞争活力（Raven and Kruglanski，1970；Stern 等，1973；Lusch，1976）。此外，当营销渠道中的权力-依赖关系较为松散时，合作水平也会较低（McCammon，1970）。

当然，政治要素和经济要素并不能分裂地研究，当两种要素在渠道中相互作用，就会出现一系列复合命题，例如当市场规制（内部经济结构）处于主导地位，并且权力集中（内部政治结构）时，主要出现的是集中决策（内部经济过程）。在这样的条件之下，营销渠道中会出现较高水平的冲突行为，同时也会出现较高水平的合作行为。这种渠道比起其他分散决策的渠道效率更高（Williamson，1975；Korpi，1974）。同样地，与上文相对的命题也并非荒谬：当企业规制（内部经济结构）处于主导地位，并且权力集中（内部政治结构）时，冲突更容易被化解，共同目标更容易建立起来，渠道效率更高（Williamson，1975）。

最后，关于渠道内部政治经济要素与渠道绩效之间的关系，学者通常认为渠道间成员的关系（内部政治过程）越倾向于合作，渠道绩效越好。渠道成员权力越大，该成员占有的渠道收益比例越高（Porter，1976）。

4.1.3 对“政治-经济”分析框架的评价

“政治-经济”分析框架吸收并整合了当时的营销渠道的研究成果。更重要的是，这个新框架通过将影响渠道效率和成果的关键维度摘出，为将来的研究打下基础。同时该框架也提供了一张概念的蓝图，这对研究渠道关系的学者是很有用的。

这个框架（包括从中提取的理论命题）提供了一个初步的、一般性的审视渠道结构和功能的视角。特别是上文所述的一系列理论命题提醒我们，渠道的政治经济要素是紧密联系的，绝不能孤立地研究。一个渠道所选择的内部经济结构，显然是与其内部政治结构有关的。而渠道内部政治经济结构的总体图景又会影响到渠道内部政治过程的类型。不同的内部经济结构会对渠道绩效产生不同影响。另一方面，在给定的内部经济结构下，内部政治过程会改变渠道内的交易成本以及决策机制。以上因素都会对渠道整体绩效产生影响。政治经济分析框架的另一个重要的启示是：在不同的政治经济要素下，营销渠道需要不同的组织间管理策略用以维持渠道的运行以及处理冲突。

外部政治经济要素对内部政治经济要素有很大的影响。任何采用“政治-经济”框架的理论命题，都需要结合外部政治经济要素情况加以分析。外部要素的影响，以及内外部要素之间的关系，是接下来研究的主题。

4.2 对“政治-经济”分析框架的进一步拓展

该框架为本研究提供了一个框架性的启发，研究农产品营销渠道变迁必须考虑渠道内部的政治经济因素与渠道外部的政治经济因素的相互作用。然而，“政治-经济”分析框架毕竟是几十年前研究西方渠道变迁的理论框架。因此，结合中国的国情及中国农产品营销渠道固有的特点，本研究在借鉴斯特恩和里弗的成果时做了修改和拓展：

其一，政治经济因素的拓展。原框架注重外部政治、外部经济、内部政治、内部经济的互动，而在分析中只研究了内部经济与内部政治因素的互动。原框架中的政治因素是指竞争对手、行业协会、监管机构等，对于我国农产品营销渠道而言，政府的公共政策较上述三个因素影响更大。我国农产品营销渠道的变迁具有明显的顶层设计、政府主导的特征。在我国，农产品营销渠道组织性较弱，没有达到寡头垄断的市场结构，竞争对手与行业协会不能构成较大的政治力量，而政府的公共政策对营销渠道的影响至关重要。

因此，本研究将政府的公共政策列为首要的外部政治因素。同时，原框架中的外部经济因素主要指与营销渠道相关的水平市场及垂直市场。在我国，由于农产品营销渠道组织化程度低，农产品营销渠道具有生产性的特点，因此本研究除保留原框架中的交易费用外，还提出了生产交易总费用最低的内部经济目标，着重分析外部因素对渠道内部经济因素和内部政治因素的单向影响，进而分析影响农产品营销变迁的过程。此外除这两种市场之外，消费者的需求与经济增长速度对渠道的变迁也有直接的影响。

其二，补充了技术进步因素。本研究认为技术进步对农产品营销渠道有着较大的影响。物流技术、信息技术的进步能使渠道发生革命性的变革。本研究所指的技术进步主要是指信息技术与物流技术的进步，它们给农产品营销渠道带来了革命性的影响。例如我国农产品电子商务的发展方兴未艾，而现代运输储存技术的发展延长了农产品运输、营销半径。

其三，斯特恩和里弗的“政治-经济”分析框架侧重于静态的渠道结构和行为的分析，它虽然为我们理解农产品营销渠道的形成及稳定提供了一张蓝图，但理解其变迁路径及趋势远远不够。而本研究侧重于各种因素的变化对渠道的动态影响，将制度变迁理论嵌入到拓展的政治经济框架中，林毅夫将市场主导的制度变迁称为诱致性变迁，将政府主导的制度变迁称为强制性变迁。他认为当相对价格发生变化时，制度的均衡被打破，由此产生对新制度的需求。“搭便车”现象的存在使市场自发的新制度的供给存在着不足，强制性变迁可以弥补制度供求不平衡的缺口。当然，由于信息的不完备及官员的机会主义行为，强制性变迁容易出现较大的效率偏差。

本研究的研究框架将上述两个框架融合在一起，结合中国的国情及农产品营销渠道的特点，将影响农产品营销渠道的外部因素拓展为外部经济、外部政治、技术进步和消费者需求。由于在我国农产品营销过程中，行业协会的作用比较小，外部政治因素在本研究中被定义为政府的公共政策。内部经济因素除了接受政治经济分析框架中的交易费用外，加上了生产费用，因为在农产品营销过程中，生产性费用也起到了较大的作用。营销企业实现了内部经济是指采用了生产交易总费用最低的营销渠道。外部经济、外部政治和技术进步几个因素之间具有一定的相关性，这些因素的作用及变化不但能直接打破渠道的平衡，还可以通过对营销企业内部经济、内部政治的影响间接作用于渠道变迁。此外，本研究将林毅夫的分析框架中改变相对价格的因素细分为外部因素和内部因素，将两个框架加以拓展和融合构成了本研究的研究框架。将斯特恩和里弗的“政治-经济”静态分析框架引入到动态分析中，从而较为深入地研究我国农产品营销渠道变迁的路径及趋势，这也是本研究的一个尝试。

4.2.1 经济因素对农产品营销渠道变迁的影响

影响农产品营销渠道变迁的经济因素分为外部经济因素和内部经济因素。本研究中的外部经济因素主要是指市场环境，内部经济因素是指交易费用。

4.2.1.1 外部经济因素：市场经济环境

最早对市场机制研究的是经济学的鼻祖亚当·斯密，在1776年出版的古典经济学奠基之作《国富论》中，亚当·斯密将市场机制比喻为看不见的手。他认为一群追逐私利的人在看不见的手的指引下能够实现服务他人、服务社会的结果，市场是一种激励相容内在和谐的制度，可以调动人的潜能去追逐自身利益最大化，同时在人人为我、我为人人、主观为自己、客观为他人的制度下达到社会和谐。市场机制是一整套供求决定价格、价格作为信号配置资源的机制，它具有效率的优势，亚当·斯密认为政府应该减少对市场的干预，充当维持秩序、保证安全的守夜人角色。亚当·斯密看不见的手的理论影响深远，其后许多经济学家对这一理论进行了传承和发展。他还认为人类的理性和知识是有限的，市场可以通过分工与交换，为每个人利用自己的知识提供空间。人们在交换过程中互相学习，形成介于本能与理性之间的秩序，这种秩序可以使素不相识的人为了各自的目标而相互合作，在合作过程中不但独特的个人知识能够被有效地利用，同时还扩大了知识的差别，形成了多元化的世界。

近年来，国外学者对各类农产品市场的研究非常丰富，例如Dohm（2000）对英国超市进行较为深入的研究，认为生鲜农产品的销售创新是超市的竞争力。Minot（2007）从购物时间和消费者收入这两个角度研究了消费者在超市零售端购买农产品的消费行为，认为随着消费者购物时间的减少和消费者收入的提高，超市正逐渐成为购买农产品的主要渠道。Reardon（2003）从经营生鲜农产品超市的运作方式着手，并结合拉丁美洲生鲜农产品销售情况，指出规范的标准化程度高的超市的崛起对传统的营销渠道造成了很大的冲击。Narasimhan（2009）提出农产品超市的出现对传统小农经济的生产和经营模式造成了很大的影响，因此政府应该在保护农产品生产者和经营者的利益方面有所作为。

赵琛（2012）提出了发展我国农产品批发市场的几点建议，如延长农产品批发市场服务价值链，培育大型农产品流通中介组织，推广农产品拍卖制度，为大客户提供一站式购物，实现农产品跨区域流通，建立农产品安全管理体系，建立电子统一结算方式，实现多元化的支付模式等，认为批发市场是连接生产者与零售商的纽带。胡天石（2012）提出我国农产品批发市场改革的具体目标包括加强农产品批发市场的服务功能，创新农产品交易方式，推广农产品电子商务，发展农产品加工和物流配送业，促进农产品批发市场升级换代。刘天祥和孙克娟（2016）从三个角度论证了专业的农产品市场将是农产品市场发展的一个重要方向。其一，目前我国农业产业的外部规模经济大于内部规模经济，专业市场对提高农产品流通效率具有显著优势。其二，从我国居民农产品的消费需求的变化趋势来看，发展专业市场比较合适。其三，农产品的冷链物流配送也只能以专业市场为主体。

4.2.1.2 内部经济因素：生产交易费用

交易费用是美国经济学家科斯（Coase）在1937年《企业的性质》一文中首次提出的。科斯在回答企业为什么存在时提出了交易费用的概念，交易费用主要是指搜寻信息、讨价还价、合约签订、合约执行过程中产生的费用。后来，经过威廉姆森（Williamson）等经济学家的拓展研究，交易费用被引申为合约费用或制度费用。从交易费用概念出发，研究农产品营销渠道变迁无疑是一个非常好的视角，特别是对研究多种渠道并存及演化现象的存在具有很好的解释能力。国内外学者在这方面有丰富的研究成果。

用交易费用研究企业组织形式，威廉姆森的贡献不可或缺。威廉姆森将契约划分为古典契约、新古典契约和关系契约三种。从资产专用性程度、交易的频率及不确定性三个维度刻画了交易的特征。根据交易的不同特征分别匹配了不同的组织形式。他认为只要资产的专用性程度比较低，无论交易频率的高低均属于古典契约活动，适用于市场规制形式。若交易频率较低，资产专用性程度无论是中度还是高度均属于新古典契约形式，适用于第三方规制形式，即借用双方均信得过的第三方帮助解决争议，评价绩效。若交易频率较高，无论是资产专用性程度是中度还是高度均属于关系型缔约活动，而前者适用于双边规制，后者适用于纵向一体化。威廉姆森不仅解释了市场和企业这两种极端的规制结构，还解释了非市场非企业的规制结构。当不确定性出现时，中间的规制结构（例如双边规制和第三方规制）或者放弃资产的专用性，牺牲有价值的特点转向市场规制结构，或者保留资产专用性走向纵向一体化以便进行连续性、适应性决策。

根据上述理论，研究农产品营销渠道中的交易费用对理解农产品营销渠道的结构及变迁非常重要。农产品营销中的交易费用主要体现在如下三个方面：其一，搜寻信息的费用。由于营销主体所处的位置不同，农产品的生产者、农资供应商、中间商及消费者之间存在着较为严重的信息不对称。信息不对称必然会产生机会主义行为。特别是分散的农户掌握农业生产资料的信息及农产品市场信息的成本很高，因为搜寻信息的困难使分散的农户处在不利的地位。农业合作社等新兴组织的出现可以弥补这方面的不足。其二，讨价还价的费用。农产品营销过程中，各个营销主体之间难免就交易对象和合作内容进行讨价还价。因为渠道权力结构的倾斜，主体之间讨价还价的能力差异很大。长期合约纵向一体化的组织结构节约了讨价还价的成本。其三，合约签订及执行的费用。随着经济的发展，在农产品营销的过程中营销主体之间的合作成为一种趋势。而签订合约需要付出一定的代价。合约越不完善，执行的困难越大。为了降低合约签订及执行的费用，法制的完善、社会诚信体系的建立是不可或缺的条件。所以，农产品营销渠道的规范化发展是必然的结果。因此，对农产品营销渠道变迁的考察除了要考虑生产性费用最低，还应当考虑生产交易总费用最低。

4.2.2 政治因素对农产品营销渠道变迁的影响

本章的政治因素包括外部政治因素和内部政治因素。外部政治因素主要指政府制定并实施的公共政策，而内部政治因素主要指渠道主体所拥有的权力结构。

4.2.2.1 外部政治因素：公共政策

（1）公共政策的内涵

公共政策是指政府制定并执行的政策、规划、议案、计划、项目、决定、方案、决议、报告、规章等统称。对于公共政策国内外学者有不同的界定：

政治学家威尔逊（Wilson，1887）认为："政策是由政治家即具有立法权者制定的，而由行政人员执行的法律和法规。"政治学家伊斯顿（Easton，1953）认为："公共政策是对全社会的价值作有权威的分配。"戴伊（Dye，1972）则指出"公共政策是关于政府所为和所不为的所有内容"。而沙堪斯基（Sharkansky，2000）则认为"政府的重要活动即为公共政策"。我国学者陈庆云（1995）指出“公共政策是政府依据特定时期的目标，在对社会公共利益进行选择、综合、分配和落实的过程中所制定的行为准则”。张成福（2000）认为“公共政策乃是政府为了解决和处理公共问题，达成公共利益或公共目标，经过政治过程，所发展出来的原则、方针、策略、措施和办法”。

根据国内外学者对公共政策的界定，本研究认为公共政策有广义和狭义之分：广义的公共政策包括执政党、政府和非政府组织（如行业协会）所制定的路线、方针、规章、条例及法律法规等。而狭义的公共政策特指政府为了某些目标所制定并实施的行为准则。本研究所探讨的公共政策是指狭义的公共政策。

（2）公共政策对农产品营销渠道变迁的影响

我国政府的公共政策对农产品营销渠道的变迁有着非常重大的影响，国内外的学者对我国政府的公共政策在计划经济、转轨经济及市场经济三个时期的作用均有较为深入的阐述。

在计划经济时期管制性政策造就的多层级政府分销部门带来的是冗长、无效率、封闭化、产品低质量和供给紧缺的渠道系统（Ennew，1993；Jaffe，2007）。经过渐进式的分销系统改革步骤，政府职能逐步转型为辅助型角色，国内许多学者对此进行了深入研究，并取得了大量研究成果。李海燕（1996）、夏春玉（1998）等提出，计划经济向市场经济过渡的过程中，出现了国有渠道、集体渠道、个体私营渠道等。开始认可私营企业力量、引入竞争机制以及不断改进国有企业经营能力。尽管对主粮和重要农产品如谷物、粮油和棉花产品等市场还保有较强的政策干预，但对蔬菜、水果和水产品等市场则很早就实施了市场化开放（胡定寰，2005），后者在产销贸易多元化和市场竞争激励性程度都比较高。国内较早进行研究的是著名学者姚今观，其在著作《农产品流通体制与价格制度改革的新构想》中系统研究了我国农产品营销中价格改革的政策原则。蔡荣等（2009）分析了我国农产品营销体制改革的政策演变历程和选择路径。杨薇（2008）通过比较中美两国在不同时期、不同经济背景下实施的农产品营销政策，提出了改进中国现行农产品政策的建议。陈蓓（2006）详细介绍了欧盟共同农业政策的形成与主要内容，指出未来的发展趋势，并总结了欧盟共同农业政策的经验、教训，为我国农业的扶持政策提供借鉴之处。郑淑臻（2006）将我国农产品的税收、补贴政策与美国、欧盟进行了比较研究。与发达国家高额的补贴与税收优惠相比，我国原有的农业税以及生产、流通等较重的税负，严重制约了农业的发展。彭慧蓉等（2011）回顾了我国农业补贴的发展历程，分析新中国成立初期“以农补工”的策略对农业的影响，并认为目前的农业补贴政策规模虽然大为增加，但是对农业发展的促进还是很有限的。刑柳（2011）从WTO国内政策支持体系的角度，分析我国农业补贴政策存在的问题。

赵晓飞和田野（2009）从五个方面分别分析农产品营销渠道创新的方式，即渠道关系、流通业态、流通手段、政府政策和参与主体。政府政策方面要加大信息化建设，完善农产品流通立法方面的支撑。因为，法律因素的影响也体现在农业领域的法律法规越来越强调食品安全性和环境友好性特征，强调食品的可追溯性，这成为渠道成员加强上下游合作，推动农产品渠道关系变迁的重要外部力量（罗峦，2010）。Narayan（2012）通过对印度奶业合作社的研究发现，合作社主要是作为处理农业债务的防御型组织而被引入印度。为了激励合作社运动的兴起，印度政府在储备银行设立农业信贷部，为合作社组织提供财务支持和信贷。Armbruster和Knutson（2012）在《影响粮食和农业市场的美国计划》一书第五章中指出，在美国，订单农业已越来越普遍，基于合作社能够提高资源的配置效率和动态效率等原因，美国政府当前也加大了对合作社的科研和技术支持。赵晓飞等（2014）认为合作社理应发展为独立的经济组织，与政府之间建立经济独立、行动关联、战略决策统一的关系。Rao等（2015）认为，印度的农业食品供应链正处于快速转型期，他们对印度农业经济新供应链进行了综述研究，并得出结论：通过直接向超市出售，农民可以获得更高的回报，然而当前政府支持的小生产企业由于基础设施和资金等的限制并不能将小农户连接到现代供应链上来，政府应通过对物流配送中心、冷库及设施的投资加强对超市直接采购的支持，还可以通过增值税免税等优惠鼓励合作社向超市出售。王家旭等（2015）通过对黑龙江农产品流通的效率进行实证研究，认为基础设施水平、信息化发展水平以及政府的支持对流通效率的影响程度较大。

由此可以看出，在相当大的程度上，我国农产品营销渠道变迁的路径与农产品营销体制改革的历史演进路径是一致的。

4.2.2.2 内部政治因素：渠道权力

（1）渠道权力的界定

渠道权力理论中关于权力的定义源自Dahl（1957）和Emerson（1962）。根据Dahl的定义，El-Ansary和Stern（1972）将渠道权力定义为“一个渠道成员对处于同一渠道系统内的另一个渠道成员的影响和控制的能力”，Emerson还将权力与依赖的关系的理论引入到渠道主体关系的研究之中，认为渠道成员A对B的依赖赋予了后者对前者的影响力。而A对B的依赖则与前者从后者处获得的资源价值成正比，与前者从后者的替代来源处获得资源的比较水平成反比（Cook，1977）。根据Emerson（1962）的观点，权力是社会行动者交换关系中的内生变量，由于渠道成员之间是相互依赖的，所以在渠道成员之间总是存在着一定的权力配置水平。斯特恩（Stern，1996，2001）认为：“还可以把权力理解为一个渠道成员对另一个渠道成员的依赖程度”“如果对A有所依赖，B就会改变它通常的行为以适应A的需求。B对A的依赖性赋予A潜在的影响力。”影响力的大小决定了B对A的依赖程度。

这种能够影响和控制其他成员的渠道权力一般来源于如下几个方面：

其一，奖赏。奖赏是指某个渠道成员向其他渠道成员提供了某些利益而取得的权力。以农产品营销为例，龙头企业为和它长期合作的农户提供的风险规避及价格保证就是获得渠道权力的原因。这种奖赏往往是权力客体很难得到的资源从而对其产生依赖。其二，强制。强制是指某个渠道成员能够对其他成员采取强制性的措施，从而让渠道权力的客体产生可能遭受某种惩罚的心理预期，从而影响它们的行为。例如，农产品超市对进入超市的农产品提出一些准入的要求，以及龙头企业对农户在生产过程中提出的一些标准化要求，就是通过强制获得的渠道权力。其三，专业知识。专业知识是指某个渠道成员通过某种专业知识而产生的对其他渠道成员的影响和控制力。例如，农产品龙头企业为长期合作的农户提供的专业技术指导及人员培训等。当然，由于分工不同，不同环节的渠道成员均有一定的专业知识，这类专业知识使得渠道成员之间产生相互依赖的关系。其四，合法性。合法性是指某个渠道成员通过渠道系统中的权利义务关系而产生的对其他渠道成员的影响力。例如，当市场行情发生变化时，订单农业的合约当事人双方也要根据合同的规定行使其权利和义务。合法性不仅具有法律上的约束，在传统的习俗及价值观也有一定的约束力。其五，参照与认同。参照与认同是指某个渠道成员可以作为其他渠道成员参照和认同的对象从而对其行动产生影响。参照与认同产生的渠道权力主要源于渠道主体的声望和地位。例如我们在TL调研时发现十里村的村支书所带领的合作社就具有这样的表率作用。

综上所述，作为渠道权力的直接来源，奖赏、强制、专业知识、合法性和参照与认同，其真正的来源是权力所有者所拥有的地位及资源，以及法律和传统习俗。正如斯特恩等（1996）所言：“权力实际上是通过占有和掌握对方所认为重要的资源所获得的。这些资源是在相互关系中能够产生和代表每个渠道成员的依赖、信任和对他人忠诚的那些资产、特性和条件。”

（2）渠道权力对渠道变迁的影响作用

渠道权力与许多渠道变量之间都存在重要的相关关系，从而在一定程度上引发渠道的变迁。Keith（1990）认为渠道关系中的依赖结构会对控制权与满意水平产生显著影响，当代理商更为依赖于制造商时，它会感知到制造商拥有更大的控制权，并对与制造商的互动关系更为满意。Heide（1994）

认为平衡的高度依赖关系将导致以柔性调节机制为主要形式的双边治理，而单边依赖则不利于上述治理机制的出现。Lee（2001）以中国市场为背景，发现中国批发商对其供应商使用权力类型的感知符合强制-非强制权力分类，而权力对冲突、满意的影响均与西方学者的发现相同。Dapiran和Scott（2003）发现专长权力的应用会导致合作行为，而信任则是这种合作行为的结果，并且信任又反过来加强了专长权力，而使用强制与奖赏权力则可能导致渠道关系的结束。张闯（2006）对我国农产品营销渠道的权力结构过度倾斜问题进行了深入研究，指出渠道权力结构理论隐含命题，认为在渠道关系中若出现渠道权力过度倾斜从而引起弱小一方一致性的反抗，渠道主体所获得的渠道权力也会失效。并进一步分析了由农户和批发商构成的渠道权力结构，由农户与龙头企业构成的渠道权力结构，以及由农户、合作社、龙头企业构成的渠道权力结构，认为后两种渠道都存在较为严重的渠道权力过度倾斜问题。

可以看出，单纯的经济层面的研究成果对于理解某一类型或某一特定时期的农产品营销渠道的变迁问题有着积极意义的影响，然而却低估了公共部门的作用。如果忽视了政府出台的各项公共政策，以及农产品营销渠道内的各种错综复杂的权力关系对农产品营销渠道变迁的作用，是无法理解我国农产品营销渠道变迁中的政府主导作用的。其作用是非常显著的，因此政府的公共政策是一把双刃剑，它正反两方面的作用都非常明显，本书第5章将较为详细地论述这一问题。

4.2.3 技术进步对农产品营销渠道变迁的影响

技术是一切知识的总和，它包括科学知识、科学管理方法、生产技能、生产工艺等。科学技术是重要的生产力，直接影响社会经济的发展。因此，技术进步是影响营销渠道的重要环境因素：技术进步一方面推动农产品营销渠道的变迁，另一方面也是我国农产品营销渠道变迁的约束条件。促进农产品营销渠道变迁的技术主要有两类：现代物流技术和现代信息技术。

农产品现代物流技术是一个国家发展水平的重要标志，是保证农产品高效、快速流转的重要手段。目前，我国农产品物流技术虽然有较大的改善，但仍然是农产品营销过程中的一个瓶颈。农产品的生物特性使它与工业品相比，对物流技术要求更高。农产品物流技术及其装备伴随着农产品流通的整个过程，先进的农产品物流技术可以促进农产品营销渠道发生巨大的变化。例如自动化立体仓库及高端仓储货架系统不仅大大降低了劳动力的投入，而且可以减少库存积压，加速农产品物流流转。而冷冻、冷藏等保质保鲜技术减少了农产品在流转过程中的损耗。此外，运输技术、配送技术、标准化技术及包装技术的进步大大地延长了农产品营销渠道的长度，提高了其服务的半径。

信息技术特别是互联网技术的应用，使农产品营销渠道进入了一个崭新的阶段。许多学者对电子商务对农产品营销渠道的影响进行了较为深入的探讨。洪涛和张传林（2015）从平台及驱动因素等方面对农产品营销模式进行了梳理和总结。郑红明（2016）研究了政府公共政策导向对农产品电子商务模式的影响，张夏恒（2014）研究了农产品电子商务所带来的经济效应和社会效应。学者们共同认为农产品电子商务的出现使其传统的营销渠道发生了革命性的变化。它不仅降低了物流成本，扩大了农产品生产流通的规模，同时在促进农业生产方式的改变，提高农民收入等方面也做出了较大的贡献。

近年来，一系列值得关注的新技术影响着农业生产和营销领域的变化。其中，区块链、大数据与人工智能等技术已然深刻改变了农产品营销渠道中的诸多方面，而发展低空经济理念下，新型载具、新型基础设施和新商业模式，为农产品营销渠带来更加广阔的联想空间和发展潜力，是新技术影响渠道变迁的集中体现。

首先，区块链技术对渠道变迁的影响力，最主要体现在有利于构建适应数字经济发展的新制度上，深刻改变了以制度为主要构成的营销渠道。例如信息共享、信息安全、可追溯性和智能合约等方面。具体而言，信息共享意味着去中心化的数据存储，使各参与者可实时共享信息，提高透明度；信息安全指数据真实安全，信息不被篡改；可追溯性指信息与凭证可追溯，每个区块的记录可以确保信息的可追溯性；智能合约则意味着自动验证和执行预设条件，减少交易过程中的中介干预。区块链与农产品流通需求的耦合、对渠道变迁的影响力正是基于以上属性，它们解决了农产品营销渠道中许多痛点。例如智能合约和去中心化账本，能提升交易的安全性和公平性；增强物流全程可控性，有助于降低农产品物流成本和提高效率；产品溯源方面，确保农产品从生产到消费的全链条透明，提升消费者信任；农业融资方面，通过区块链技术改善融资环境，降低融资成本。当前，区块链技术在农产品营销渠道方面的应用包括跨境农产品交易联盟链，跨境农产品物流联盟链，农产品溯源联盟链，以及农业融资区块链①。

其次，大数据与人工智能技术的渗透，带来了农产品营销渠道的新变革。随着土地资源的萎缩、极端天气带来的环境恶化，加之新一代信息技术的不断成熟，大数据、人工智能与农业的深度融合被视为解决未来农业问题的重要途径。农业大数据的应用场景包括农业预警、农业数据可视、农用资源可视化、农业决策辅助、农业应急等多个应用场景，更是应用人工智能技术的基础。在农业“互联网+”和农业大数据的基础上，“人工智能+”的应用场景开始出现，继互联网技术大规模应用孕育出蓬勃的农产品电商模式后，再一次酝酿了渠道的新一轮制度变迁，为解决生鲜冷链和“最后一公里”问题提供了新方案。目前，人工智能在农产品生产和营销过程中的典型应用包括：（1）生产端方面，智能灌溉系统可以大大提高灌溉的精准度以及水资源的利用效率；智慧无人机可以显著提高机器作业效率，精准地使用杀虫剂、除草剂、化学肥料等农业投入品；智能种子选育、自动采摘机器人、

① 刘如意，李金保，李旭东．区块链在农产品流通中的应用模式与实施［J］．中国流通经济，2020，34（3）：43-54．

农业病虫害监控系统、农产品等级分类系统、智能养殖监控系统等，可以取代人类采取不间断劳动、监测，基本实现了自动耕地、自动播种、自动灌溉、智能养殖以及农产品的自动收获、自动分级等农业活动的智能自动化。人工智能与大数据的结合，还可为农事活动制定出科学合理的生产经营方案，克服传统农业生产的盲目性，从而减少劳动的投入与浪费。（2）营销端方面，人工智能技术有利于将农业与二、三产业融合，促进了农产品营销渠道的现代化升级。基于人工智能的供应链系统，既可以让顾客精准地选择自己偏好的食品，也可以向顾客提供有关食物来源的详细信息，从而追踪和监督食品安全。在农业信息服务方面，人工智能技术的运用可大大缓解信息不对称导致的农产品供需失衡以及农业融资贵、融资难等传统棘手难题①。例如，人工智能可以对收获的农产品进行统一的无损质量检测，还可以按照农产品的一定标准进行分类储存，提高农产品分类储存的效率。此外，可以使用人工智能监测农产品市场信息，如农产品的供给量、市场的需求量、价格波动等，利用这些数据帮助农民更好地开展农产品销售活动②，特别是基于神经网络（neural network）的机器学习模型能够预测猪肉等农产品价格③。

最后，低空经济的提出，为农产品营销渠道的变迁带来了丰富的想象空间和巨大的发展前景。定义上，低空经济是指“以航空载运与作业装备技术为主要工具，以低空空域为主要活动场域，以低空飞行活动为最终产出形式的系列经济活动构成的经济领域”④。这一经济领域带来的新载具、新基建、新模式，不但为农产品的营销拓展了实体空间，也有潜力更紧密地连接数字空间和实体空间，为农产品物流、商流、信息流的无界沟通提供坚实基础。有学者认为，低空经济为高质量发展的赋能作用体现在两方面：其一是

---

① 汝刚，刘慧，沈桂龙．用人工智能改造中国农业：理论阐释与制度创新［J］．经济学家，2020（4）：110-118.

② 边伟英．基于计算机应用的人工智能农业应用场景［J］．中国农业资源与区划，2023，44（10）：156；166.

③ 于晓华，刘爽．“没有免费午餐定理”与农业政策研究中的算法选择：以机器学习预测生猪价格变动为例［J］．农业经济问题，2024（5）：20-32.

④ 覃睿．再论低空经济：概念定义与构成解析［J］．中国民航大学学报，2023，41（6）：59-64.

激发技术创新。主要是电动垂直起降技术的研发和应用带动了全产业链，包括人才和基建。此外，为包括农业在内的相关产业提供新的应用场景，为技术创新拓展市场需求，降低研发风险。其二是加速产业融合。特别是低空经济能够促进城乡的深度融合，借助低空交通工具，低空经济在短途快速运输方面展现出巨大潜力，加强了城乡间的物理联系。尤其是在山区和海岛等地面交通设施建设和维护成本较高的乡村地区，低空飞行不受限制。只要以更低成本修建低空飞行基建，就能提供更为灵活的到达方式，提升了乡村旅游的吸引力①。物理上的可达性使得城市中心的资源、信息和服务能够更便捷地延伸至乡村，促进了城乡资源的均衡分配和共享。这对农产品营销意义重大，为农产品提供了一条快速直达市场的通道，缩短了物流时间，减少了损耗。

4.2.4 消费者需求对农产品营销渠道变迁的影响

农产品的消费需求是指一定时期内在某种价格水平下消费者对某种农产品有支付能力的购买。首先，消费者对农产品的需求及其变化是农产品营销渠道存在的基础。农产品营销的目的之一是不断地满足消费者对农产品崭新的需求。随着时代发展及消费者收入的增加，农产品需求由“吃得饱”向“吃得好”转变。其次，需求变化拉动营销渠道变迁。从营销渠道产生与发展的历史轨迹，我们不难发现顾客需求是营销渠道赖以生存的基础，所以市场需求的每一次变化都带来营销渠道相应的变迁。而人口增速的下降、家庭小型化和消费者偏好的不断变化等影响农产品需求因素的改变必然会引起农产品营销渠道的变迁。此外，随着环保意识的强化，我国城乡居民对绿色有机的农产品需求不断加大。农产品营销中的价格战逐渐被质量战所替代。大型超市中，无公害的农产品通常比普通的农产品昂贵很多，但还是得到了消

① 宋丹，徐政. 低空经济赋能高质量发展的内在逻辑与实践路径［J］. 湖南社会科学，2024（5）：65-75.

费者的青睐。能在安全、健康等方面给消费者带来满足的农产品有着广阔的市场前景。这就要求从事农产品营销的企业在整个营销过程中注重质量的把控、品牌的建设及绿色农产品营销体系的完善。政府也要在质量认证及监管上有所作为。当然，人们对快捷便利的需求也引发了电子商务等新型营销渠道的发展及完善。

总之，消费需求变动对营销渠道的变迁影响是巨大的。进入21世纪以来，营销渠道的消费需求已进入了一个崭新的历史阶段，消费者个性化消费需求的出现，消费者对营销渠道的效率化需求、便利需求、服务需求等进一步提高，迫使营销渠道必须进入新一轮的变迁。作为供应方的营销渠道将势必随着消费需求量规模的扩大与缩小进行相应的调整与变迁。现有研究表明，随着经济的发展，消费水平的提高，消费者对农产品购买从过去的“买得到”转变为“有选择性的购买”（罗峦，2010）。追求质量、安全、绿色、品牌、方便、快捷和个性化的购物服务（比如电话预订、网上购物、农宅对接）日益成为消费者的主流选择，这种消费者购买模式的变化促使农产品营销渠道不断进行变迁与整合。

最后，图4-2为本研究对“政治-经济”分析框架的拓展示意图。

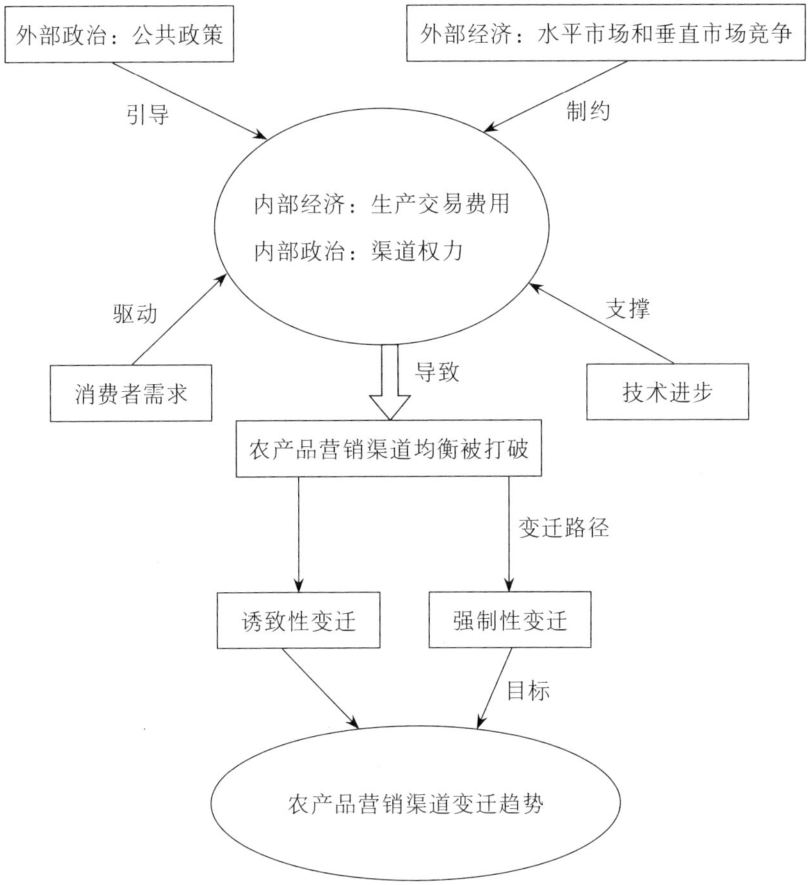

图4-2 拓展的"政治-经济"分析框架

5
农产品营销渠道变迁的作用机理

“政治-经济”分析框架将影响渠道行为与结构变化的因素区分为外部政治因素、外部经济因素、内部政治因素及内部经济因素，这四种因素共同作用决定了渠道行为和结构的变革。Dahab（1996）提出了在转型经济体中营销渠道变迁的利益支配（interest domination）分析框架。范新河（2002）提出了营销渠道的社会选择理论，认为营销渠道的变迁与发展是社会选择的结果。陆芝青和王方华（2004）分析了营销渠道变迁的内部和外部作用力，并通过构建变迁机制模型描述了营销渠道变迁的作用机理。

从营销渠道的理论研究中不难发现，营销渠道理论的变迁是对已有实践的归纳总结，同时从一定角度预示了变迁的趋势。那么，是什么导致了营销渠道的不断变迁与发展呢？从上一章的论述中我们可以得出结论，政府的公共政策、企业的内部经济、技术进步是显著影响农产品营销渠道的三个重要因素。本研究分析农产品营销渠道的变迁机理，将重点从这三方面进行阐述。

5.1 农产品营销渠道变迁的外部政治作用机理

公共政策是公共部门为实现一定的目标而确定的行动方案与行为准则。公共政策的本质是对社会公共利益的权威性分配。当前，我国农产品营销渠道的变迁与国家发展的政策是息息相关的，不同的经济政策将直接影响流通的一般模式。农产品营销政策通常隶属于农业经济政策，一般包括农产品价格政策、储备政策、购销和国际贸易政策等。因此，对我国农产品营销渠道变迁问题的探讨，必须置于我国公共政策发展变化的背景下加以审视。

5.1.1 我国农产品营销政策的梳理

农产品营销政策一部分是由政府行政部门颁布的规则构成，通常体现为各种“意见”“通知”“规划”等政策文件。这类政策与法律法规政策相比，虽然法律效力逊于后者，但针对性、时效性与操作性均强于后者，因而成为政府干预与管理农产品营销活动的主要政策工具，特别是在近些年来涉及“三农”领域的国家战略（精准扶贫、乡村振兴、高质量发展等）实施背景下，有大量相关意见和规定出台，可归纳为以下五个方面：

（1）农产品营销体制改革与市场体系建设政策，如《国务院关于促进流通业发展的若干意见》(2005)，发改委、商务部、财政部等7部联合发布的《深化流通体制改革试点方案的通知》(2004)，商务部、国家开发银行发布的《关于进一步支持农村市场体系建设的通知》(2006)，商务部、财政部联合颁布的《关于进一步加强城乡市场信息服务体系建设的通知》(2009)，农业部《关于推动金融支持和服务现代农业发展的通知》(2014)，国务院办公厅《关于金融服务“三农”发展的若干意见》(2014)，中共中央、国务院《关于加大改革创新力度 加快农业现代化建设的若干意见》(2015)，农业部《关于进一步调整优化农业结构的指导意见》(2015)，中共中央、国务院《关于落实发展新理念加快农业现代化 实现全面小康目标的若干意见》(2016)，《国务院办公厅关于加快推进农业供给侧结构性改革大力发展粮食产业经济的意见》(2017)。

（2）农产品营销组织与网络优化政策，如商务部、农业部、国家税务总局、国家标准委联合发布的《关于开展农产品批发市场标准化工作的通知》(2005) 及上述部门联合颁布的《农产品批发市场管理技术规范（GB/T19575—2004）》(2005)，商务部的《关于促进中小流通企业改革和发展的指导意见》(2005)，商务部的《关于开展“万村千乡”市场工程试点的通知》(2005)，商务部、国家食品药品监督管理局联合发布的《关于完善农村商品流通网络有关问题的通知》(2006)，商务部的《关于实施“双百市场工程”的通知》(2006) 及商务部、财政部联合颁布的《关于加快农产品流通网络建设推进“双百市场工程”的通知》(2009)，《国务院关于大力发展电子商务加快培育经济新动力的意见》（2015），《国务院办公厅关于支持返乡下乡人员创业创新促进农村一二三产业融合发展的意见》（2016）。

（3）农产品营销市场秩序监管政策，如国家发改委、农业部、工商总局、质检总局、供销总社联合颁布的《关于印发整顿棉花流通秩序工作方案的通知》（2004），国家食品药品监督管理局、公安部、农业部、商务部、卫生部、海关总署、工商总局、质检总局联合颁布的《食品安全监管信息发布暂行管理办法》（2004）、农业部办公厅《关于加强农产品批发市场质量安全监管工作的紧急通知》（2006），农业部、商务部颁布的《关于加强灾后农产品市场流通工作的通知》（2008）等，国务院《关于促进海洋渔业持续健康发展的若干意见》（2013），农业部《关于促进家庭农场发展的指导意见》（2014），农业部《关于切实做好2014年农业农村经济工作的意见》（2014），国务院《关于建立健全粮食安全省长责任制的若干意见》（2015），国务院办公厅《关于健全生态保护补偿机制的意见》（2016），国务院办公厅《关于印发2016年食品安全重点工作安排的通知》（2016）。

（4）发展农产品物流与流通加工政策，如商务部、科技部、财政部、铁道部、交通部、卫生部、工商总局、质检总局、环保总局、食品药品监管局、认监委联合发布的《关于积极推进有机食品产业发展的若干意见》（2004）及商务部、科技部、财政部、铁道部、交通部、卫生部、工商总局、环保总局、食品药品监管局、国家认监委、国家标准委发布的《三绿工程五年发展纲要》（2004），国家发改委关于印发《物流业调整和振兴专项投资管理办法》（2009），农业部《农产品质量安全监测管理办法》（2012），国务院办公厅《关于深化种业体制改革提高创新能力的意见》（2013），《国务院关于建立粮食生产功能区和重要农产品生产保护区的指导意见》（2017），国务院办公厅《关于进一步促进农产品加工业发展的意见》（2017）。

（5）农产品进出口政策。这类政策基本可以分为进口管理与出口促进两类政策，前者包括进口关税与配额管理、进口国疫情通报及防控等；后者包括出口企业资格评定、出口配额招标、各种国际农产品贸易交流会议通知、扩大出口的对策措施等，其中扩大出口的政策中，以2004年商务部、财政部、农业部、中国人民银行、国家税务总局、国家质量监督检验检疫总局、国家认证认可监督管理委员会联合颁布的《关于扩大农产品出口的指导性意见》最为全面。

除全国性的农产品营销政策外，我国各级地方政府根据国家法律法规或特别指示也制定了一系列的地方性农产品营销政策。这些地方性政策大多与全国性的农产品营销政策相配套、相协调，并在国家政策允许的范围内，根据各地的实际情况进行一定程度的创新与调整，使国家的政策意图或目的得以实现，因此，它们也是农产品营销政策体系的有效组成部分。

5.1.2 我国农产品营销政策的目标

影响农产品营销的政策目标方面，由于农产品的自然属性，长期以来一直以国家直接干预与指导下的农产品价格与质量安全为首要目标。这一目标是伴随着我国农产品营销发展逐步形成的，在过去的农产品营销政策制定与实施中起到了良好的指导作用，并有力地保障了当时社会与经济的安定及发展。然而，单一且过分强调粮食安全供应，可能引致其他政策目标被忽视或无力顾及。目标调整的原则包括以下方面：

5.1.2.1 坚持市场为主与政府帮扶为辅的原则

改革开放以来，农产品营销渠道的变革之路是逐步从计划经济向市场经济过渡。市场在资源配置过程中有效率的优势，市场化的结果使我国农产品的供给日益丰富，营销渠道日益畅通，营销效率不断提高。然而农产品营销有自身的特点，一头关系到农民收入，另一头关系到百姓的生活，它关系到国计民生和国家安全。党的十九大将中国社会的主要矛盾确定为“人民日益增长的美好生活需要和不平衡不充分的发展之间的矛盾”。所以农产品营销渠道除了保证农产品安全供给外，应该在解决不平衡不充分发展方面有所贡献。因此公共政策的目标应当有所调整。

农产品营销活动不能被简单地视为纯粹的经济活动，也就不能完全依靠市场手段及市场调节作用，政府的干预与扶持是必不可少的，这也是目前世界上所有的发达国家——即便像美国那样市场经济充分发育的国家——仍然通过直接或间接的政策手段对农产品营销活动进行监管、干预的原因之一。因此，我国在进行农产品营销政策体系构建与完善的过程中，也要借鉴与秉承市场与政府相结合的原则，在大灾大难等特殊时期、农产品营销基础设施建设等关键领域上，政府的作用丝毫不可弱化。

5.1.2.2　逐步实现经济效率与社会效益目标并重

经济发展与社会进步必然对政府的宏观调控行为目标提出新的要求，要求在公共政策制定过程中，由追求经济快速发展的单一需要，向兼顾考虑经济发展所带来的正负外部性转变，要求政策制定者充分认识并减少经济发展负外部性对社会造成的不良影响，降低、避免或杜绝政策制定与执行中对经济与社会的可持续发展造成的破坏与损害。因此，在制定农产品营销政策时，不仅要争取实现农产品营销活动高效率、高效益的经济性目标，还要考虑到农产品营销活动本身的正负外部性，要利用与扩大其正外部作用，如鼓励农产品营销采取统筹配送，以减少运输资源的浪费及环境污染，又如鼓励有机农产品的生产与流通加工等活动，提升农产品营销活动对人类健康保障与促进作用；要规避与控制其负外部影响，如减少农产品营销加工低水平、分散性作业，优化农产品逆向物流，以利于减少流通中农产品的浪费及环境污染。逐步实现营销企业有利润、农民有收入、政府有税收、环境有保护的多赢局面。

总体来说，我国公共政策科学与实践的发展尚属“初级阶段”，农产品营销政策的制定与实施同样也不例外。未来农产品在营销政策制定与实施中，合理借鉴国外的经验是必不可少的，这样可以降低我国农产品营销政策制定的成本，提高政策制定与执行的效率与效益。中国农产品营销有自己鲜明的特色，例如从历史上看，农产品的生产和供应有鲜明的政府特征，市场化程度并不充分。再如农产品营销渠道的多元化、分散化较西方更为严重。从业人员素质低、收入少等都是中国特色。各级政府制定公共政策时一定从国情和地方情况出发，因地制宜而不能搞全国一刀切。我国农产品营销政策的目标与手段如图 5-1 所示。

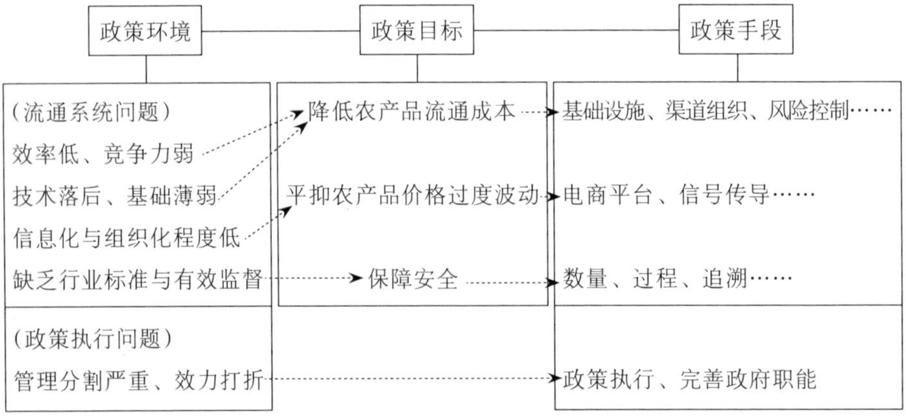

图 5-1　我国农产品营销政策目标与手段

5.1.3　公共政策对变迁的驱动机理

公共政策作为制度创新的核心载体，通过重塑交易费用结构驱动农产品营销渠道演化。依据新制度经济学理论，政策工具通过建立标准化交易规则与组织化流通体系，有效压缩市场主体间的信息搜寻与契约执行成本，例如合作社制度促成小农经济的集约化转型，冷链基础设施投资降低物流过程中的价值损耗。在渠道权力重构层面，政策倾斜培育特定市场主体形成非对称依赖关系——重点企业在资源获取与规则制定中占据主导地位，而中小经营者被迫嵌入政策建构的供应链网络，这种制度性赋权催生出新型渠道控制体系。但政府干预的边界效应不容忽视：过度补贴可能引发市场主体的道德风险，行政指令过强会导致价格信号扭曲，造成资源配置效率损失，这种现象印证了新结构经济学关于政府与市场动态平衡的警示。政策设计必须兼顾交易成本优化与市场机制维护，在破除制度障碍的同时保留要素流动的弹性空间，方能实现渠道体系的良性变迁。

5.1.3.1　有效降低生产交易费用

第一，农产品营销基础建设政策，就是要通过政策引导与扶持，分阶段、分类别地加大农产品营销基础设施改造与建设。农产品批发市场政策是整个农产品市场体系的中心枢纽，农产品批发市场升级改造的政策可以有效降低农产品运输、配送、加工储藏的生产成本，尤其是在农产品质量安全检验、检测体系等方面的支持政策降低了营销主体搜寻信息及监督成本。

第二，农产品营销风险通常表现为自然风险和社会经济风险，相对于农业生产而言，流通中的自然风险概率较低，而社会经济风险则更高。农产品营销的社会经济风险一般都是人为因素与利益驱动，社会风险中的市场风险及政策风险对农产品营销渠道影响更大。政府既是公共服务的提供者和市场规则的制定者，同时又是市场的监管者和宏观调控者，因而政府在农产品营销的风险管理中肩负巨大的责任。农产品的流通连接生产与消费，且就流通本身而言，涉及多环节、多主体。政府是整个流通链条或过程的风险管理者：政府在运输设备保险、仓储设施保险、流通客体保险、损失补偿方面有一定的补贴和救济手段，在一定程度上化解了营销企业所面临的风险，降低了农产品营销过程中的交易费用。

第三，保证农产品质量安全的政策。2016年国务院办公厅关于印发《2016年食品安全重点工作安排的通知》中对加快完善食品安全的法规制度、健全食品安全标准体系、加大食用农产品源头的治理、强化风险防控措施、突出重点问题整治、落实生产经营主体资格、严惩违法犯罪、加强食品安全监督能力建设等方面均有明确的规定。这些政策促进了农产品生产流通的安全性，降低了农产品营销渠道中各个环节对产品鉴定及甄别的交易成本。

5.1.3.2　提高渠道权力与强化渠道主体的依赖关系

在2017年9月国务院办公厅印发的《国务院办公厅关于加快推进农业供给侧结构性改革大力发展粮食产业经济的意见》明确提出坚持产业融合，协调发展。树立“大粮食”“大产业”“大市场”“大流通”理念，培养和壮大粮食产业主体，做大做强做优一批具有影响力控制力的国有粮食企业，有效发挥其稳市场、保供给、促发展、保安全的作用，要培养壮大一批粮食产业化的龙头企业，支持引导龙头企业与新型农业经营体和农户建立稳固的利益关系，提出促进全产业链的发展，建立粮食生产功能区。发展产购储加销一体化的模式，建立从田间到餐桌全产业链的融合。发挥品牌的引领作用，培育一批具有自主知识产权和较强市场竞争力的全国性粮食名牌产品。鼓励企业推行更高质量标准，建立粮食产业企业标准领跑者激励机制，提高品牌产品质量水平，大力发展“三品一标”粮食产品，培育发展自主品牌。加强绿色优质粮食品牌宣传、发布、人员培训、市场营销、评价标准体系建设、展示展销信息平台建设，开展丰富多彩的品牌创建和产销对接推介活动、品牌产品交易会等，挖掘区域性粮食文化元素，联合打造区域品牌，促进品牌整合，提升品牌美誉度和社会影响力。鼓励企业获得有机、良好农业规范等通行认证，推动出口粮食质量安全示范区建设。加大粮食产品的专利权、商标权等知识产权保护力度，严厉打击制售假冒伪劣产品行为。加强行业信用体系建设，规范市场秩序。这些公共政策无疑为农产品的规模化、产业化提供了有力的支持，强化了渠道主体之间的相互依赖，为了保证上述公共政策效果，政府在加大财税扶植力度、健全金融保险知识、落实用电优惠等方面给出了明确的政策和具体的落实。

5.1.3.3　公共政策对渠道变迁的潜在消极影响

公共政策在塑造农产品营销渠道过程中，其潜在消极影响往往源于制度设计的内在缺陷。从管理部门冗余、行政指令僵化以及政策歧视性三重维度审视，可以发现政策工具若运用失当，可能成为渠道体系健康发展的制度性障碍。

其一，管理部门叠床架屋的政策体系引发制度性摩擦。农产品流通涉及农业、商务、市场监管等多部门管辖，职能交叉导致政策合成谬误。例如本研究曾去调研大连市樱桃产业近几年异军突起的案例。在农委调研时被推到服务委。到服务委调研时又被推回到农委。新制度经济学指出，这种科层组织间的协调成本会转化为市场主体的交易费用，最终由消费者承担价格溢价。

其二，行政指令的刚性执行与频繁变动构成双重风险。政策工具本应作为市场机制的补充，但在运动式治理模式下往往异化为替代性力量。例如2008年开始的玉米临储政策导致国家每年承担8 000亿元人民币的财政负担。玉米市场出现了高产量、高库存、高进口的“三高现象”。这项政策扭曲了市场信号，造成很大的浪费，摧毁了许多玉米深加工、精加工企业。2016年这项公共政策得到了调整，玉米的价格重新由市场决定，直接给玉米种植者一定的种植补贴。这项政策的调整使玉米价格由1元/斤变成0.5元/斤。种植玉米的农民收入大大下降。这种指令经济的路径依赖，实质是用行政理性替代市场理性，压制了渠道系统的自我调节功能。更值得警惕的是政策的不确定性风险、制度环境的不可预期性，使得市场主体难以形成稳定发展预期，最终诱发短期投机行为。

其三，歧视性政策设计扭曲市场竞争本质。政策倾斜本为弥补市场失灵，但若超出合理边界则演变为制度性歧视。在农产品批发市场升级改造专项补贴中，国有企业获取资金占比长期超过75%，这种所有制偏好实质是制度性垄断的变相延续。此外专业合作社补贴以及新农村建设补贴均有“补大不补小、扶强不扶弱”的特点。这使得渠道权力原本倾斜的结构更加不平衡。同时歧视性的政策留下了较大的设租、寻租的空间。辽宁曙光集团董事长宋立新介绍国家临储政策给他的企业带来的负面影响时指出，2008年开始的临储政策对畜牧业造成了不利影响，“使我们坐在苞米堆上却用着最高价的玉米”，他认为补贴造成了市场的扭曲，“福建有圣农，广东有温氏，温氏现在市值1 400个亿，今年的全年利润超过100个亿。可是，大型的农牧企业应该诞生在哪啊？应该诞生在粮食主产区啊！”这来自玉米等一系列的成本高企，“我们使2 420元一吨的玉米，那边人家使的是1 600元一吨的进口玉米，还要我们的企业得存在，可能吗？你看折旧、利息、房产税、印花税、契税，跟你干不干没关系，你必须得交。工人的五险一金，你必须留一个看大门的。你看银行利息，人睡觉，利息不睡觉。”

5.2 农产品营销渠道变迁的内部政治作用机理

影响农产品营销渠道变迁的内部政治因素是指营销主体所拥有的渠道权力，营销渠道主体的权力大小及变动趋势是直接影响渠道变迁的关键因素。张闯和夏春玉的《渠道权力：依赖、结构与策略》是本研究研究农产品营销渠道变迁中的内部政治因素的主要借鉴框架。该研究着重于讨论市场竞争中渠道权力的来源及作用。本研究补充政府的政策及行为对农产品营销渠道权力结构的影响。

5.2.1 农产品营销渠道权力结构

社会学家爱默森（Emerson，1962）指出“B对A的依赖与B对A所介入和控制的目标的激发性投入成正比，而与B由A-B关系以外的途径达到其目标的容易程度成反比”。渠道权力既然可以理解为渠道成员之间的相互依赖，那么如果渠道成员A对渠道成员B依赖程度较高，B就对A产生了一定的影响，而这种影响力的大小取决于渠道成员间依赖程度的大小。如图5-2所示，根据渠道成员之间相互依赖程度的不同，渠道权力有如下四种匹配方式：

		A对B的依赖程度：高	A对B的依赖程度：低
B对A的依赖程度	高	高度权力均衡	权力倾斜
B对A的依赖程度	低	权力倾斜	低度权力均衡

图5-2　渠道权力结构四分图

资料来源：张闯，夏春玉．渠道权力：依赖、结构与策略［J］．经济管理，2005（2）：64-70.

其一，是高度权力均衡结构。这种权力结构表现为A与B相互之间存在着高强度的依赖关系，由于双方均有一定的专用性资产投资，所以这种依赖关系非常均衡。这种渠道权力结构可能导致长期稳定的合作关系，甚至有可能导致纵向一体化。双方的机会主义行为由于存在着高强度的依赖关系而得以控制。以农产品营销为例，具有特色产品的农产品生产龙头企业与大型超市之间往往具有双边垄断的渠道结构。

其二，是低度权力均衡结构。这种渠道权力结构是指A、B互相依赖的程度都很低，同级渠道成员之间轻易地被替代，转换合作对象的成本非常低。双方基本上没有专用性资产投资。传统的“农户+批发市场”的模式类似完全竞争市场状态。A与B之间的长期合作可能性不大。由于渠道成员的生产经营规模比较小，产品缺乏特色，没有声誉机制和品牌效应，因此低度权力均衡是一种低端的市场结构。

其三，渠道权力倾斜结构。这种情况包括了两种状态，即A成员对B成员依赖程度高，而B成员对A成员依赖程度低，或者是情况相反。一高一低的，或者一低一高的权力倾斜状态在我国非常普遍。例如分散的农户对农产品龙头企业的依赖程度比较高，而龙头企业对单个的农户的依赖程度比较低。或者某些大型超市对进店的农产品供应商具有较大的渠道权力，而反之不然。在这种渠道权力结构中，处于渠道权力弱势一方的渠道成员往往受制于强势一方，其利益往往得不到保障。渠道成员之间的权力不平衡，缺乏核心竞争力的弱势一方随时可能会被替代，其合作关系也缺乏必要的保障。

5.2.2 内部政治因素的作用机理

农产品营销渠道变迁是一个动态的过程，成员之间的依赖关系也经常发生变化，渠道成员可以通过专用性资产投资使渠道权力结构发生较大的改变进而引起农产品营销渠道的变迁。目前，我国农产品营销渠道变迁具有渠道权力分化和渠道权力平衡两种趋势。

5.2.2.1 渠道权力分化的机理

目前，我国农产品营销渠道表现出低水平均衡和渠道权力过度倾斜这两种状态。这种渠道权力分化和不平衡状态短期内难以解决。因为在争夺渠道权力的博弈中，存在着强者更强、弱者更弱的马太效应。占有较强渠道权力的行为主体利用渠道权力带来的利益有激励、有能力去进行渠道权力资本的投资从而强化自身的渠道权力。此外，公共政策也有“扶强不扶弱，帮大不帮小”的倾向。例如政府对龙头企业的支持，对农业合作社的补贴，对产业园区建设的优惠等等都有使渠道权力更加不平衡的效应。具有较强渠道权力的主体一般采用如下措施加大渠道结构的不平衡：

其一，发展稀缺资源。拉大与渠道客体之间的距离，从而保持和提高自身的优势地位，即所谓企业的“护城河”。例如，拥有较强渠道权力的渠道成员可以通过新渠道的开发、新组织形式的变革、新技术的引进及拓展新的信息来源等来维持和增强自身的竞争优势。

其二，阻断联盟，单边锁定。处于渠道权力弱势一方的权力客体有激励形成与渠道主体抗衡的渠道联盟，阻断联盟的办法是增加对手联盟的成本，降低联盟的收益。例如提高渠道客体在原渠道中的收益，降低联盟的动机，加大其转换成本，形成单边锁定、单边垄断效应。

其三，游说政府，寻求支持。除了在市场竞争中及专用性资产投资中形成的渠道权力外，政府的补贴、准入、税收减免等公共政策也是渠道权力的重要来源。因此，占有渠道权力优势地位的一方有激励通过寻租行为维护及提高自身的渠道权力。

5.2.2.2 渠道权力平衡的机理

我国农产品营销渠道低水平均衡使得农产品营销的规模化、产业化、现代化过程受到了负面的影响。分散的农产品生产者和经营者既无法得到生产经营的规模经济也无法获得品牌及特色的收益。因此，低水平均衡状态已经逐步被新兴的农产品营销组织，如龙头企业、合作社、大型超市及连锁社区菜店所打破。渠道权力过度倾斜状态也存在着向高水平渠道权力平衡结构变迁的趋势。

第一，在渠道权力倾斜结构中处于弱势的一方不会甘心自身长期处于劣势的权力地位，他们可以通过以下行为矫正权力倾斜状态。其一，发展战略性资源，提高对方对自身的依赖程度。例如，生产很难被替代的绿色有机产品使龙头企业不能轻易地找到合作伙伴。其二，组织联盟对抗，例如，单个的农户在市场信息搜寻和讨价还价过程中往往处于被动的地位。如果组成有一定规模的合作社就可以提高自身的谈判能力，在统一采购和信息共享上获得利益。其三，拓宽渠道寻找更多的合作伙伴，减少对特定渠道主体的依赖性。处于弱势权力一方的权力成员为了避免对方的机会主义行为，强化生产的通用性和标准化程度，减少专用性资产投资以降低被套牢的可能性。其四，渠道权力结构中处于弱势地位的成员可以通过长期合约及品牌和声誉的建设逐步将渠道权力倾斜中的单边锁定演化为双边锁定。

第二，渠道权力的过度倾斜容易导致权力失效。犹如在囚犯两难的一次性博弈中，出卖伙伴是双方的占优策略，而同样的博弈在重复博弈过程中，合作往往成为可能。渠道权力均衡的联盟可以使得渠道成员获得长期稳定的利益。利用渠道权力倾斜获得的利益容易引发渠道客体的反抗与报复。因此，声誉机制及联盟巨大的收益使占有较大渠道权力一方愿意放弃过度倾斜的渠道权力结构，从而使渠道均衡的联盟得以巩固。

科兰（2001）认为，“渠道成果取决于给定关系中的权力平衡”，因而随着市场环境复杂性和不确定性程度的增加，渠道成员也正在改变，导致渠道效率偏低的权力倾斜的竞争状态，而逐步走向渠道联盟，使渠道关系中的权力结构趋向均衡。渠道联盟是渠道系统中上下游的企业之间为降低渠道运营成本，增加渠道共享收益而结成的战略联盟。对渠道联盟的认识应当注意以下几点：（1）利益的驱动。渠道成员从联盟中获得的利益越多，彼此之间的信任就越高，从而联盟会更加巩固，走向良性循环的道路。（2）在渠道联盟建立的过程中，渠道成员的投入应该尽量均衡对等，这不仅是表达对渠道伙伴信任的最直接的方式，而且会避免不均衡投入造成的权力倾斜。（3）双方在联盟中所树立的共同的目标，避免了合作中的机会主义行为，在共担风险、共享收益的渠道联盟中，争取渠道控制权的动机也被大大削弱了，如图5-3所示。

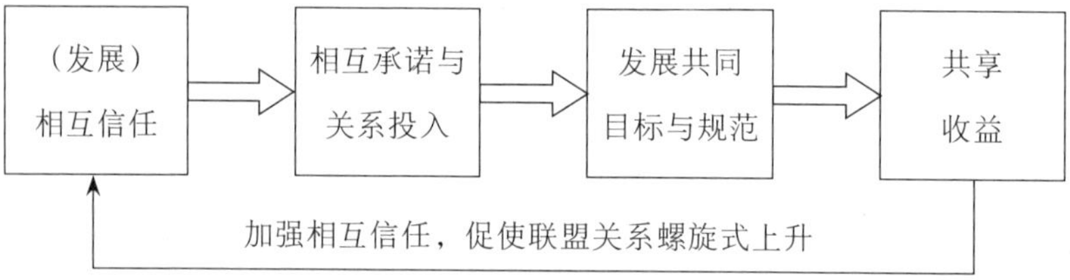

图5-3　渠道权力的运行机制

资料来源：张闯，夏春玉．渠道权力：依赖、结构与策略［J］．经济管理，2005（2）：64-70.

5.2.2.3　渠道联盟的类型

目前我国农产品营销渠道联盟有如下几种类型：

其一，农户生产联盟。这种联盟模式主要是以农户间共通性和互补性资源，建构产业群聚体系，整合农户间专业化技能、信息和生产设施等关键性资源，以一致性的定位，推动农产品生产技术化和规模化，实质上属于横向渠道联盟。比如蔬菜联盟、水果联盟、谷联盟、西瓜联盟等，它们共同采购种苗，共同育苗，共同租地，共同采购农药、肥料、饲料，共同采购耕耘机与车辆进行农产品生产。因为农户的分散性和弱组织性，这种联盟应在合作社或者其他农业协会的指导下，遵循积极引导、操作透明、农户自愿的原则进行。

其二，农产品加工企业主导下的企业加工联盟。如利用龙头加工企业的农业生产技术优势，通过建立“企业加工联盟体”，实现资源共享、风险共担、优势互补。

其三，农产品经销企业主导的流通联盟。如经销企业可以和具有一定规模的农产品物流配送中心合作形成区域性的物流配送中心，打造农产品规范的连锁经营体系等。

其四，超市（卖场）主导下的纵向直销联盟。建构超市（卖场）主导下的纵向直销联盟，可以使我国农产品从分散的农户手中，通过超市（卖场）直接到达消费者手中。这样既减少了农产品经营运输过程中的环节，又降低了交易费用，同时也在一定程度上保障了农产品的质量。然而，由于超市（卖场）这种农产营销组织当前在我国农产品物流中所占的比重还是比较低，同时农产品物流配送中心的数量也非常有限，农产品生产基地也缺乏标准化生产规范，因此，这种超市（卖场）主导下的纵向直销联盟的形成重点应该集中在物流配送中心、标准化生产基地的建设方面。

具体联盟方式有：（1）在超市卖场、量贩店设立品牌农产品及其加工品专柜；（2）扶植农业大户和大型超市（卖场）直接建立渠道战略合作关系，强化对超市（卖场）的新鲜农产品供应；（3）尝试在较小型超市间建立联合物流配送中心（联合组建或借用第三方物流），进行统一采购，同时让联合物流配送中心牵头与农户建立标准化生产基地。

综上所述，这四种渠道联盟方式中由于获取规模经济和降低交易成本这两种目标，生产性的联盟及终端销售联盟更有生命力。

5.3 农产品营销渠道的外部经济要素作用机理

在“政治-经济”分析框架之中，外部经济要素主要是指营销渠道的水平和垂直市场。本研究除了考虑这两个因素外，还从资产专用性及生产流通批量这两个维度分析了我国农产品营销渠道变迁的机理。

5.3.1 我国农产品营销渠道的市场结构

根据资产的专用性程度及流通批量可以将我国农产品营销渠道划分为四个类型，由资产专用型和生产营销批量为类型划分指标。

5.3.1.1 资产专用性与生产营销批量

根据威廉姆森经济化边界的理论描述，本研究将我国农产品营销规制结构的分析集中在流通规模X及资产专用性k这两个维度上。农产品营销批量受农产品生产批量、农产品的自然属性、消费群体的规模及流通组织的现代化程度等因素影响。例如，生产比较分散、生鲜易腐、发往小城镇的农产品，其批量较小。反之则流通的批量较大。根据前文农产品营销的资产专用性及流通规模的论述，根据农产品营销批量X及资产专用性程度k的高低，本研究将我国农产品营销的规制结构划分为四种类型。具体分析如下：

符合营销批量小、资产专用性程度低条件的农产品营销状况比较典型的是直接面对最终消费者的生鲜蔬菜、海鲜肉蛋等产品的销售。由于生产者和消费者都很分散，不存在买方与卖方的垄断。由于资产专用性程度较低，也没有敲竹杠的可能。竞争的激烈克服了漫天要价的机会主义行为。由于买卖双方都是行家，所以信息比较对称，也在一定程度上抑制了道德风险。所以这种状态采取近乎于完全合约的市场规制模式，具有效率优势。平等交换、讨价还价、其行为受法律及习俗约束即可。

符合营销批量大、资产专用性程度低条件的是面对农产品零售商的批发销售。例如玉米等粮食批发市场。由于营销批量大，可以实现购销运存的规模经济，又由于资产的专用性程度不高且是消费者的生活必需品，因此被锁定套牢的可能性不大，没有机会主义威胁。所以适度的横向一体化，争取更多的规模经济是实现经济化的关键。

符合营销批量小、资产专用性程度高条件的是某些高档水果、绿色蔬菜及杂粮等高附加值农产品的交易。它们或者是为小众服务的产品，或者在农产品销售份额中占有的比例较低，这类农产品在生产流通中需要特殊的技术及设备，需要专业的流通渠道，特别是需要品牌和声誉的专用性投资才能使优质产品与假冒伪劣产品实现分离均衡。因此，这类产品的流通适用于农村合作组织这样的长期契约来规制。长期的合作组织在扩大销售、创立品牌，质量监督、技术支持、提供资金等方面具有优势。而合作社成员也规避了由于资产专用性程度高而面临的风险。

符合营销批量大、资产专用性程度高条件的是肉类、乳类产品的交易，这类产品生产流通的批量很大，规模经济效益明显，同时在生产流通过程中由于资产的专用性较强，与其他企业合作由于监督成本过高容易产生信誉损失、偷工减料等机会主义行为。纵向一体化是解决问题的一个路径，例如很多大的农产品生产加工流通企业建立了自己的原材料生产基地或开设自己产品的专门销售网络，都是纵向一体化的做法。这四种类型的划分如图5-4所示。

5.3.1.2　其他影响渠道构成的维度

除了生产流通规模和资产专用性这两个维度外，还有必要对四种模式的其他维度进行分析。

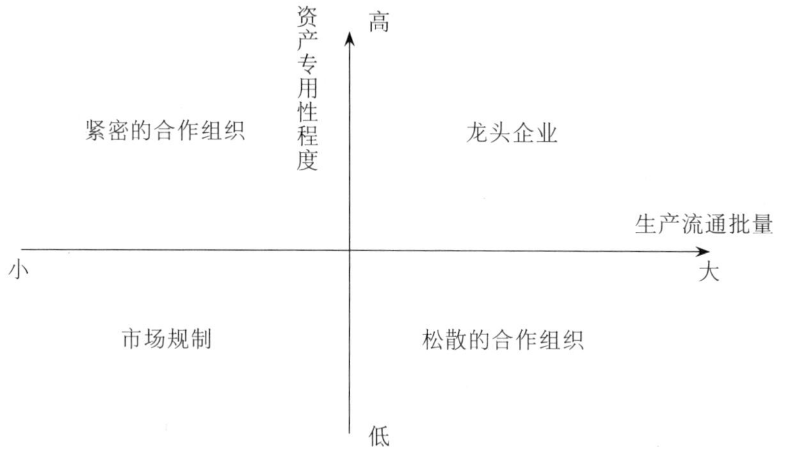

图5-4　交易特征与规制结构的匹配

其一，初级的农贸市场供给者是以家庭为单位的农产品生产者。在这种模式下农民集生产与流通为一体，根据具体环境可以灵活地应对多变的市场环境。但由于农民分散生产经营，土地规模小，生产要素的投入有限，信息不灵通，抵御风险的能力差，收入不稳定。市场的需求者是在农贸市场购买农产品的城乡家庭消费者，具有购买批量小、频次多、对产品的品牌特色要求不高的特点。

其二，龙头企业通过兼并、扩股等资产重组形式吸引部分农户成为股份制龙头企业。农户既是农产品的生产者，也是企业股东，在这种组织形式下能够实现规模经济，使用更先进的机械设备，进行专业化生产。在生产要素采购过程中，议价能力较强，生产的社会化、组织化、规模化、产业化程度高，农户的风险较低，收入比较稳定。农业企业专用性资产投资较多，具有创新的优势，入股的农户私有产权转变为企业总资产中的一部分，在重大决策上能够实现一股一票或一人一票。龙头企业产品的供给对象也不是一般的家庭消费者，往往是对农产品进行深加工的企业，或大型超市，具有需求批量大、对产品质量要求高的特点。

其三，市场与企业相融合的准企业组织形式。它是由一些独立的经济体为了一定的目标，在一定的规则下进行联合组成的经济组织。其生产的一体化程度比单个的农户高，又比龙头企业低，如农村合作组织。当这类组织规模经济明显，但资产专用性不高时，可以采用松散的合作组织形式，如统一采购生产资料、统一销售农产品。由于没有太多的专用性资产投资，因此产品结构的调整灵活性大，成员之间的关系不那么紧密，独立经营，自负盈亏，仅在采购和销售方面有长期合约，如订单农业、农超对接等。松散的合作组织是为了降低市场风险，提高议价能力，获取规模经济而生的。在专用性资产投资较大，而农产品生产流通规模不大的情况下，比较适合采用紧密的合作组织，如农机合作社。农机的资产专用性较高，且资产的耗费状况很难监管。统一经营、共担风险、共享收益的组织形式具有比较优势。所以，农机合作社一般采用入股分红的形式。

5.3.1.3 紧密与松散合作组织的边界

农业合作组织是市场与企业之间的组织类型，有松散与紧密之分。农业合作组织紧密与松散的边界要考虑三个因素，首先是资产的专用性程度。农村合作社的专用性资产包括：物质专用性资产、品牌专用性资产和人力资本专用性资产。农业合作社的物质专用性资产是指专用的农产品生产及流通设备，例如农业机械及农产品运输、保管设备及厂房等。由于农产品具有季节性和鲜活性的特点，因此它的生产和流通过程中需要专用的物质资产投资以保证产品的质量。这些物质资产的投资由于机会成本很低，就有被套牢的可能。因此，农产品依附性越强，越倾向于紧密的合作组织出现。例如，黑龙江省实施了农机补贴政策，也就是购买农机的合作社可以获得30%的政府补贴。这项政策导致了农机合作社的大量出现。

农业合作社的品牌专用性资产，在讨论农产品资产专用性时一般认为品牌资产专用性是它重要的形式，品牌资产包括产品的品牌和组织的声誉。消费者对合作社产品的品牌忠诚也是一种无形资产，品牌专用性资产源于合作社在产品质量和广告促销方面的投资。一般认为拥有注册商标或产品认证级别较高的情况下容易出现紧密的合作组织。

农业合作社的人力资本专用性资产。农民合作社的成员通过培训或者通过“干中学”积累的人力资本是合作社的专用性资产。这种特殊的技能和经验往往不能挪作他用，为了不让培训费用成为沉没成本，合作社倾向于建立紧密的合作关系。此外，社长的经验和能力及威望也是合作社的专用性资产，因此，社长的经验、能力和威望越高，越倾向出现紧密的合作组织。例如，辽宁省铁岭市平安堡镇十里村就是因为有了一个能力强、威望高、经验丰富的领导人才有了胡萝卜生产和流通的紧密合作组织的出现。

其次是合约的约束程度。若合约有效期长、条款较多、内容较详细，属于紧密的合作组织，否则是松散的组织。最后，要考虑利益共享及分享共担的程度，一般来说，以股权为联结的农业合作组织多属于紧密的合作组织。

除去资产专用性和生产营销批量这两个维度以外，还有分享竞争程度等因素会对农产品营销渠道的构成产生影响。

5.3.2 水平市场与垂直市场的作用机理

农产品营销渠道的水平市场是指不同渠道的市场结构。根据竞争程度，一般将营销渠道的市场结构划分为四种状态：完全竞争市场、完全垄断市场、垄断竞争市场、寡头垄断市场。划分这四种市场结构的依据是从事农产品营销企业的数量及规模，渠道组织的差异程度，进入障碍及退出障碍的大小，以及信息是否充分这四个标准。

我国改革开放前，农产品营销渠道由于统购统销政策，近乎于完全垄断市场。而改革开放后相当长的一段时间内，以传统的“农户+批发市场”的模式为主，零售端以传统的集贸市场为主，类似于完全竞争市场。统购统销的结果使农产品营销渠道缺乏竞争的效率，导致农产品供给的数量不足、品种单一、服务水平低下。相应地，完全竞争市场由于生产与经营组织化程度低，缺乏规模经济，农产品的质量安全难以保障。目前，我国农产品营销渠道的变迁路径逐渐从完全垄断及完全竞争的市场结构过渡到垄断竞争及寡头垄断的市场结构。垄断竞争市场是我国现存的农产品营销渠道的主要结构特征，表现为生产经营主体的多元化、多种营销渠道并存。垄断竞争的农产品营销渠道市场结构是以竞争为主、以渠道模式的差异为垄断力量的市场结构。

在这种市场结构之中，非价格竞争比价格竞争更为激烈，产品（服务）差异化程度很大，声誉效应明显。而寡头垄断的市场结构将是未来农产品营销渠道变迁的趋势，由于寡头垄断的市场结构兼顾了竞争的效率及垄断的规模经济，而且在保障产品质量，降低交易成本，品牌经营方面具有较好的优势。目前在农产品生产营销环节中出现的大型合作组织、龙头企业及大型零售终端都具有寡头垄断的趋势。

农产品营销渠道的垂直市场主要是指农产品营销的要素市场，本研究划分为劳动力市场、土地市场及其他生产资料市场。生产要素的价格及质量直接影响到农产品营销渠道的成本。目前劳动力市场价格上涨，使得农产品营销渠道的经营成本大大提高，农产品营销渠道从劳动密集型的产业逐步过渡为资本及技术密集型的产业。在农产品的生产和营销过程中，劳动之外的生产资料价格及质量也直接影响农产品营销渠道的效率。此外，土地的流转政策及流转价格对农产品生产的规模化、产业化也有较大的影响。

5.4 农产品营销渠道变迁的内部经济作用机理

内部经济是影响农产品营销渠道变迁的内部动力。内部经济主要是指农产品营销企业采用了生产交易费用最低的营销渠道。交易费用主要从资产专用型维度来分析，生产费用主要考虑规模经济的影响。

5.4.1 资产专用性的作用机理

在农产品营销渠道的研究领域中，资产专用性问题一直都是学者们关注的重要分析维度。资产专用性维度在解决“生产还是购买”的纵向关系时具备相当的解释力。因此，本研究在分析农产品营销渠道的变迁问题时，资产的专用性问题及由此带来的敲竹杠的风险构成了农产品营销渠道变迁过程中的主要交易成本。

5.4.1.1 生产过程的资产专用性

农产品营销被认为是一个集生产与分销于一体的过程，在这个过程中农产品的生产受到一系列如时间、地点、气候、运输和市场行情等自然、市场因素的影响。因此，生产环节的资产专用性问题详细来看与这些自然和市场因素都密不可分，除此之外，农业生产模式的选择也造成了资产专用性主体不同，同样值得加以区别看待。何为农产品生产过程中的资产专用性？本研究认为其包括：物质资产专用性，技术/设备资产专用性，人力资产专用性。

第一，农产品的物质资产专用性。表现为不同品种农产品的生长周期、品质要求、保存难度和体积等源自自然因素的资产专用性，一般认为长周期、高品质、易腐烂、大体积的品种（例如菠萝蜜等热带水果）一旦发育成熟，便具有较强的专用性特征，而持有这类农产品的渠道主体所面对的市场风险比较高。典型的例子是2007年广东徐闻的香蕉产业，在负面新闻的报道下遭遇了严重的损失（罗必良和刘成香，2008）。另外，从市场因素来看，物质资产的专用性也受到市场因素的影响，销售半径小、销售时间短、市场需求小、用途特定的农产品其资产专用性比较高。

第二，农产品的技术/设备资产专用性。表现为生产过程中为了获得更高品质、更受市场欢迎的农产品所必须进行的专用技术和设备投入。这种投入一般表现为新的技术、设备、场地的购买和维护，而当这些针对特殊作物品种的生产要素付诸使用后通常难以挪作他用，特别是农业生产的季节性使得技术/设备的专用性更强。现代农业的生产过程中，为了降低成本获取市场的竞争优势，生产者往往需要较大规模的土地集中使用，以及一定的现代化机械设备的投入。然而农业生产的周期性又决定了这些资本和土地的投入在较短期限内无法保证收益，实际上来说往往意味着我国的农业生产者要在缺乏信息和信心的条件下进行专用性资产投入的决策，而这也成为相当多地区的农业产业转型升级缓慢，农业回报率低的重要原因。生产环节的技术/设备资产专用性如果能够得到销售环节足够的信息和资金支持，便可以加以相当程度的克服，在我国的情况是农业生产者进行技术、设备的专用性投资十分需要政府、专业合作社的引导和扶植。

第三，农产品的人力资产专用性。表现为在特定作物的生产中所必需的专业知识技能。自然，为了获取这些知识需要农业生产者投入时间和资金，当改变生产品类时，这些人力资产难以得到重新配置，即出现了人力资产的专用性问题。目前我国的农村从事农业生产的人口中，人力专用性资产的投入不足，其原因在于人口的构成很大程度地出现了老龄化和女性化特点。这就说明了一方面从事农业生产人口其人力资产的提升有一定的困难，另一方面这种低水平的人力资产专用性也匹配着我国小规模、低专业化的农业生产结构。那么，如果进行大规模的专用性人力资产投资，如生产培训等，便要求从农业生产的人口结构上进行调整，即降低兼业农民的比例，回收前往大城市打工的青年农民人口，进而形成一批具有专业技能的“职业农民”。自然，人力专用性资产的形成意味着生产效率的提高，但也意味着与小规模的家庭经营相比农业生产者调整种植结构的难度增加。

值得一提的是，资产专用性问题在农产品的生产环节也应当视对象不同而有所区别，即农业生产的模式问题。我们知道，我国的农产品生产是以家庭生产为最基本也是最普遍的模式，而随着多年以来专业合作社的大力推广和政策扶植，以合作社为单位的农业生产模式开始逐渐增多。进一步地，“龙头企业+农户”“龙头企业+合作社+农户”的生产模式在各地也兴盛起来。那么，不同形式的农业生产模式中，不同类型的专用性资产投资便会成为值得注意的问题，换句话说，由谁来进行这种投资会形成生产者内部交易中的一种博弈，而机会主义行为以及如何规制这种行为成为了一种模式是否能够长期进行下去的关键。

以物质资产的专用性为例，当特定农产品的生产合约在企业与农户之间签订后，便会存在源自物质专用性资产的违约激励。订单农业的产品如果在品质上有特定的要求，亦或是本身易腐，那么便成为专用性的资产，此时企业如果选择违约，那么农户手头的产品难以在市场上转销，会处于非常被动的地位。而另一种情况则是农产品生产后农户发现销路极好，市场价格高于订单价格，此时农户更有激励选择违约，那么企业先期对这批产品进行的技术指导、人员培训或销路联系则成为专用性资产，会被农户敲竹杠。当然，此时企业所投入的便不再是物质专用性资产。

从上面的分析可以看出，农产品的资产专用性问题是随着自然条件、市场行情和不同生产模式中主体的不同而变得复杂起来的，同样是技术/设备的专用性资产，农民去投资还是龙头企业去投资所形成的格局完全不同，尤其是地方农产品品牌的建立过程中，存在着相当强的正外部性，又特别容易被搭便车，例如，泰国的“金枕”牌榴莲，在建立后形成了强大的市场竞争力，但此后“金枕榴莲”的名号则被其他榴莲产地竞相攀附，反而对这个品牌造成了伤害。那么，正宗的“金枕榴莲”生产者所进行的，塑造品牌的一系列专用性资产投入便打了折扣。国内诸多地方性农产品的品牌难以诞生，更大的专用性资产投入正是由于这种搭便车行为而迟迟难以发生。

5.4.1.2　营销过程的资产专用性

农产品的营销过程与专用性资产息息相关，这个过程中，营销的主体要将农产品送达消费者手中并实现其价值，而不同农产品的自然属性和市场要求使得不同的农产品在营销过程中需要采用不同的归类、包装、保险、运输、货架摆放等措施，显然这成为了农产品营销中专有性资产的天然需求，某种特定作物的一整套流设备与程序在销售另一种作物时往往不合适，因此比较有实力的营销主体（比如大型批发商）一般从事少数几种大宗农产品的营销活动。本研究认为，在营销过程中农产品的专用性资产与生产过程大体相同，都附着于货物、技术/设备和人力上，而在具体的形态上有所差别，此外营销过程的特殊在于存在着渠道资产专用性或销售专用性。

第一，营销过程中的物质专用性资产与生产过程类似，其专用性的程度主要受到农产品的易腐性与市场需求影响。我们知道，我国农产品的营销成本中很大一部分来自损耗，除去不当的分拣和运输原因之外，农产品本身的易腐性是损耗的主要来源。当一些品质新鲜、容易腐烂的农产品进入营销环节后，营销者自身天然地持有了高专用性的货物，在变质之前必须将其销售出去，在这个过程中持有农产品的上游主体在与下游的交易过程中处于被动地位，因此农产品的直销和农超、农店对接成为了解决物质资产专用性的有效手段。一个比较明显的例子是高物质专用性的热带水果，能够在零售环节看到一些专卖店，而相对低物质专用性的普通水果则基本没有单一品类的专卖店，这正是资产专用性所导致的纵向关系中交易选择的不同。

第二，营销过程中的技术/设备资产专用性是指在存储、包装、加工、运输等环节中所需的，针对特殊农产品品类，以及相关的信息搜集和管理中所产生的专用性。在通常物流过程中，农产品的形状和体积以及易腐性决定了营销中所使用的包装物，或是存储和运输冷藏设备、农产品再加工的专用流水线等资产在挪作他用时会承担沉没成本。当然，这种技术/设备资产的专用性有程度之分，例如冷藏设备相比专用的生产线其专用性较低一些，而在特定农产品的整条供应链中，环节之间的配合也存在着相应的运输或销售技术，随着地点和种类的变化，这种环节间的整合模式便也要发生变化而产生专用性，例如生鲜肉类的冷链便包含着全供应链的冷链结合问题。如果出现“掉链”便很难保证肉类的质量，而这种整合模式的探索和形成往往有着较高的专用性。农产品营销的特殊之处在于，这一过程对技术/设备资产的专用性要求很高。随着消费者对于农产品新鲜度和品质的要求增高，渠道成员如果不针对不同品类进行专用性投资，那么便很难在市场上生存下来。对于生鲜农产品来说，目前主要的专用性投资是保鲜设备，如冷库、冷藏车和冰柜等。从另一方面来说，较高的技术/设备专用性资产投资在提高营销主体市场竞争能力的同时，又增加了市场风险。前文已经提到，农产品易腐难存的自然属性是营销中风险的一部分，而投入大量技术/设备专用性资产后，面对市场风浪的能力反而有所退步（如徐闻的香蕉产业的巨大损失），所以有学者认为“专用性资产解决的问题与引起的问题几乎同样的多”（胡华平和李崇光，2010）。

第三，营销过程中的人力资产专用性问题，本研究认为应当从两个方面来认识。首先，第一种类型的人力专用性资产来自营销过程中所积累的特殊知识和经验，其本质类似于生产环节的人力资产积累。从事营销的人员在实践中能够总结出若干针对不同农产品的、不同环节的经验知识，如分拣过程中对农产品质量和品相的熟悉、搬运的技巧等。这些知识的用途有限，成为了专用的人力资产，同时营销企业对于员工的培训也属于此类。由于我国的农产品营销从整体上来看，仍然组织化、专业化程度较低，因此从事农产品营销的人员素质参差不齐，而进入这个行业的门槛较低，使得营销中积累下较好专用性人力资本的熟练工人在人力市场上很难得到有效配置，因此这类的人力专用性资产在从事其他行业时沉没的可能性很高。其次，第二种类型的人力专用性资产来自农产品交易过程中所积累的市场信息、销售渠道、业内声誉和长期的客户等关系。如果说第一种人力专用性资产是针对营销本身物理操作层面，那么第二种则针对的是农产品营销过程中的信息和销售层面。能否及时准确地获取市场信息、找到合适的销售渠道是一个营销主体能否在市场上生存的关键因素之一，而这种人力资产并非个人能够轻易获得，需要在农产品营销行业进行相当的积累和努力才能形成。毫无疑问，良好的信用及声誉、准确的信息及判断、稳定的长期合作伙伴能够极大地提高营销者的市场竞争力，与熟练工人不同，这种人力专用性资产通常出现在农产品经纪人身上，相对而言，信息和人脉的更新速度更快，所投入的时间和金钱更多，而人力资产的专用性则要弱一些。

第四，营销过程中的渠道/销售专用性在不同学者的论述中表述不同，但都是指在获取和维持渠道关系中所投入的人力和金钱。在农产品的销售渠道关系终止后，这些投资便会沉没，因此许多专业的农产品生产者往往不愿进行这种投资，选择外包的形式来寻找农产品经纪人联系销路。渠道专用性的发生存在着一个双重过程，一方面，如果营销者选择投资渠道专用性资产，畅通的销售渠道可能避免了部分市场风险，但却可能被下游交易对象终止合作的威胁敲竹杠；另一方面，如果营销者选择不投资渠道专用性资产，那么避免被下游敲竹杠的同时，却面临着被农产品经纪人敲竹杠的风险，可以说是一个两难的问题。在实践中本研究经常发现第二种情况较为常见，例如大连市旅顺口区水师营街道从事小白菜种植的农户主要依靠农产品经纪人寻找销路，而结果是农产品经纪人凭借着信息不对称的优势，先从农户处拉蔬菜到市场上销售，然后根据当日价格和销售情况再给农户菜款，这样的合约安排下农户完全处于被动地位。另一个例子是TL市CT县十里村的胡萝卜产业，村大队发动村民到市场上主动搜寻市场行情和批发商联系方式，培训出属于自身的经纪人队伍。这种渠道专用性资产的大力投资则使得该村胡萝卜在辽宁市场成为知名产品，并远销俄、日、韩等国家。因此，本研究认为当前我国的农产品生产者对于渠道专用性资产的投资是利大于弊的。

营销过程中的资产专用性问题也应当视对象不同有所区别。前文没有针对资产专用性问题在不同营销主体上的表现而详述，实际上从事营销的主体不同，投资专用性资产的结果和带来的问题并不相同。首先是农户，农户是我国多元化的物流主体中重要的组成部分，在20世纪市场经济取代计划经济成为组织生产与营销的主要形态后，农村集市和城市农贸市场得到了长足而快速的发展，小的农户进入城市参与农产品营销，在这一时期农户承担的交易成本较低，满足了大多数城乡对于农产品营销的需求。而随着商品经济的发展，人们对农产品商品化的需求程度增加，对农产品品相、价格和食品安全的偏好同步上升，使得农户参与营销过程中信息不足、规模小、缺乏组织化和产业化的弱点被放大了。特别是当农产品相对过剩时，农户的交易成本上升，此时一批农户开始对渠道专用性资产进行投资，成为农产品经纪人。基于熟练劳动所培育出的人力专用性资产极大地贬值，农户相对缺乏技术/设备专用性资产投入，反过来都使得农产品本身的物质专用性得到放大，增产不增收，家庭生产为单位的农户在市场上面临着困境。

为了应对这样的困境，农民合作组织逐渐开始发育。合作社将分散生产的农民组织起来，提高了在市场上的议价能力，也开始有能力以集体为单位对技术/设备、人力和渠道专用性资产加以投资，特别是近些年地方政府大力培植专业合作社，给予相当的政策支持和财政补贴。农户在市场竞争中因农产品的同质性，或者信号发放机制缺乏而处于近似完全竞争市场的状态，唯一的竞争手段只有价格。专业合作社则很大程度地提高了农业生产的组织化程度，在进入市场后成为了更加优秀的竞争者，对于物质专用性资产引发的不利情况采用订单农业、农超对接、社区支持农业、农产品直销等措施加以克服。然而当前我国的专业合作社仍然存在着覆盖面不足、不规范、专业性差、缺乏资金，甚至假合作真骗补贴等问题，还没有成为解决我国农产品营销诸多问题的有效办法。

专业从事农产品营销的企业一直以来被学界和媒体寄予厚望，认为是解决农产品营销高额的交易费用，稳定市场价格，让农民增收的良好主体。“龙头企业+合作社+农户”“龙头企业+农户”等农业生产模式的优秀案例是当今农产品营销研究中所积极寻求和分析的。以企业为核心，紧密地联系上游生产领域和下游的销售领域，进行有良好渠道绩效的营销要求在技术/设备、人力和渠道专用性资产都进行有效的投资，并且发展出规制交易中敲竹杠行为以避免损失。而我国从事农产品营销的大型国有企业，如国营粮库、国营农场等存在着制度僵化、激励不相容、对市场信息不敏感等问题，导致大量专用性资产被锁定而造成浪费。另一方面，民营企业在农产品营销市场上面临着准入门槛高、缺乏规模经济等问题，造成了专用性资产投入不足，在低水平上依靠价格竞争，最终难以发展成为实力较强的营销企业。

本研究对于农产品生产与流通的专用性资产类型划分及其表征，可以描述为表5-1所示：

表5-1　　农产品生产与流通的专用性资产类型划分及其表征

	物质资产专用性	技术/设备资产专用性	人力资产专用性	渠道资产专用性
农户	生产：易腐性、市场需求 流通：易腐性、市场需求	生产：专用的生产技术设备 流通：专用的储藏、运输、包装、销售技术设备	生产：种植特定农作物的经验知识 流通：储藏、运输、包装的经验知识	流通：获取市场信息和下游销路的时间、资金投入，培育经纪人的费用
合作社	生产：易腐性、市场需求 流通：易腐性、市场需求、再加工的资产投入	生产：专用的生产技术设备 流通：专用的储藏、运输、包装、销售技术设备	生产：管理的经验技能、社员的培训费用 流通：管理的经验技能、社员的培训费用	流通：获取市场信息和下游销路的时间、资金投入
企业	生产：易腐性、市场需求 流通：易腐性、市场需求、再加工的资产投入	生产：专用的生产技术设备 流通：专用的储藏、运输、包装、销售技术设备	生产：管理的经验技能、员工的培训费用 流通：管理的经验技能、员工的培训费用	流通：获取市场信息，寻找和维持上、下游渠道伙伴的费用

5.4.2 生产交易费用的作用机理

农产品适度规模经济问题一直是政府、学界及农业生产经营者非常关注的问题。徐庆等（2011）区分了规模经济、规模报酬两个概念。

生产费用除生产费用价格以外，更主要地体现在规模经济方面。农产品生产的规模经济是指随着农产品生产批量的增加，平均成本的下降。除大批量生产可以实现有效的分工及机器化作业外，在农产品购销运储过程中均有一定规模经济。比如大规模购买农用生产资料可以获得一定的价格回扣，大批量运输储存可以降低单位产品的储运成本等。此外，规模大的生产主体更容易赢得信任，在讨价还价及融资过程中占有一定的优势。政府许多农业支持政策优惠也需要生产者具备一定的规模。当然，本研究认为生产规模也不是越大越好，适度规模是有效率的选择。适度的规模经营不仅仅是指生产成本下降，而是指长期内能获取较多利润的规模才能称之为“适度规模”。利润的获取不仅与成本有关，也与收益有关。农产品的价格与销售数量都会影响利润，“谷贱伤农”是指虽然生产批量大，但是生产成本低，也有可能使农产品生产者没有获得利润。适度规模经营与生产者所处的环境有关，例如生产作物的特点。玉米、小麦等作物规模经济明显，烟叶等经济作物便不适合大规模生产。适度规模经营也和生产者的资金状况、管理能力、市场容量、资产专用性及风险的大小有关。因人、因地、因种植种类的不同，适度规模经营中的规模有很大的差异。

内部经济：生产交易费用最低的一个模型

交易费用的描述：令 X 为企业生产产品的数量。k 为企业资产专用性的程度。B（k）为企业在 X 不变时的组织协调成本（即企业内部的交易费用）。M（k）为 X 不变时市场的交易成本。$\Delta G = B(k) - M(k)$，$\Delta G_k < 0$。

根据威廉姆森的分析，当 $k<\bar{k}$，即当资产的专用性程度较低时，市场交易成本 M（k）低于纵向一体化的交易成本 B（k），即 $\Delta G>0$。而当 $k>\bar{k}$ 时，企业资产的专用性较高，此时纵向一体化在降低交易成本方面更有优势，即$\Delta G<0$。当$k=\bar{k}$时，$\Delta G=0$，两种规制结构交易费用相等。如图5-5所示。

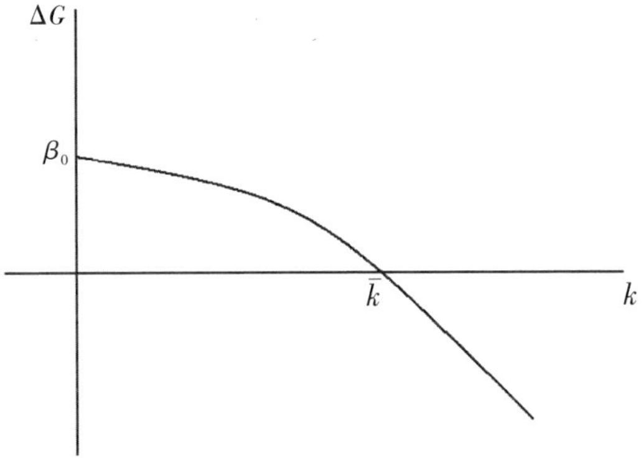

图5-5　交易费用的比较

生产费用的描述：令$C^m(k)$为通过市场购买一定量产品的费用（即市场的生产成本），令$C^i(k)$为纵向一体化企业生产同样数量产品的成本。$\Delta C = C^i(k) - C^m(k)$。由于本研究研究的是纵向一体化，因此将横向一体化形成的规模经济划入市场的范畴。由于规模经济的作用，市场的生产成本低于纵向一体化的生产成本，因此$\Delta C>0$。但随着资产专用性水平k的提高，两种模式的生产成本差距不断缩小，$\Delta C_k<0$，如图5-6所示。

图5-6　生产费用的比较

生产交易总费用最低的描述：$\Delta G+\Delta C$ 是纵向一体化与市场相比生产交易总费用之差。当 $k<\hat{k}$ 时，$\Delta G+\Delta C>0$。即当资产专用性水平较低时，市场规制结构能够实现经济化的目标。而当 $k>\hat{k}$ 时，$\Delta G+\Delta C<0$。即当资产专用性水平较高时，纵向一体化可以实现经济化的目标。$k=\hat{k}$ 时，是纵向一体化与市场的边界，如图5-7所示。

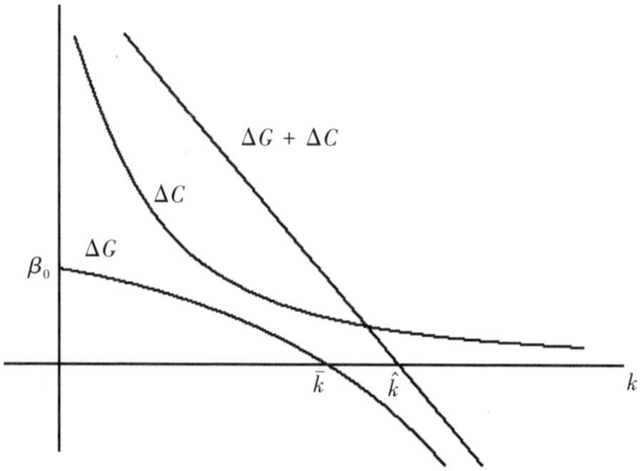

图5-7　生产交易总费用的比较

5.4.3　内部经济拉动渠道变迁的机理

以上分析均是 X 为常数时经济化的描述。然而当 X 增加以后，纵向一体化的边界会随之发生变化。

①ΔG 的变化：当 X 增加时，意味着纵向一体化管理协调成本 B（k）变大，而此时市场生产成本 M（k）不变，因此 ΔG 变大。那么，随着资产专用性程度 k 提高，ΔG 增加的速度越来越慢。当 $k=\bar{k}$ 时，$\Delta G=0$，ΔG 增加的效应消失。当 $k>\bar{k}$ 时，纵向一体化降低管理成本的效应逐渐超过了由于产出增加管理协调成本的提高。因此曲线沿着 $\bar{k}$ 点顺时针旋转，如图5-8所示。

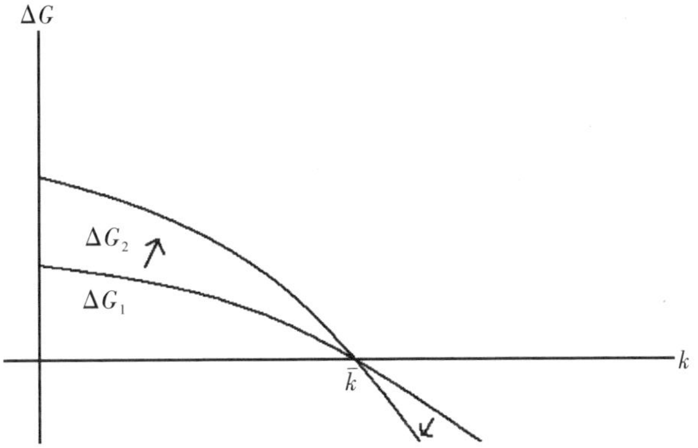

图 5-8　X增大交易费用的变化

②ΔC的变化：随着产出的增加，纵向一体化的生产成本$C^i(k)$因获得了部分规模经济而变小，市场生产成本$C^m(k)$不变，因此ΔC变小，即曲线整体下移，如图5-9所示。

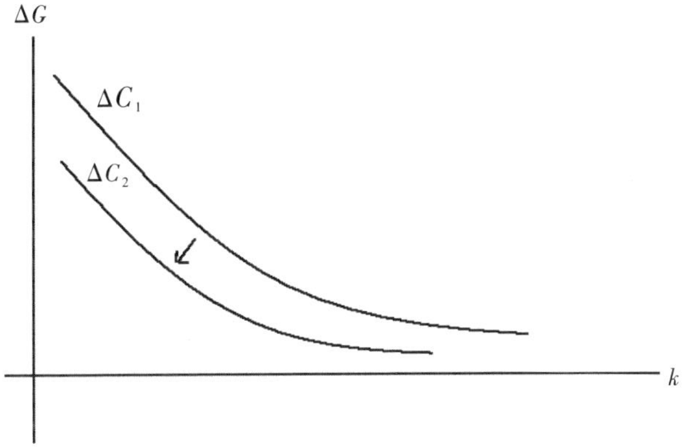

图 5-9　X增大生产费用的变化

③ΔG+ΔC的变化：纵向一体化与市场相比，生产成本与交易成本总成本之差的曲线是图5-8与图5-9的叠加，其形状如图5-10所示。

结论：随着产出的增加，纵向一体化的内部经济边界$\hat{k}$变小。

内部经济描述的基本命题及局限。

通过以上分析，可以得出许多富有启发性的基本命题。

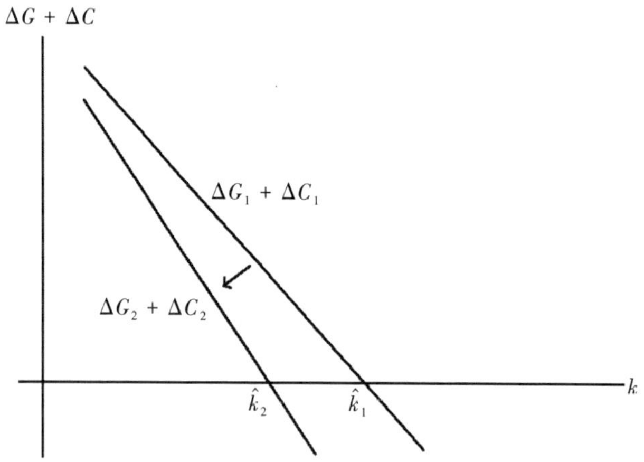

图5-10　X增大生产交易总费用的变化

假说1：当最优资产专用性轻微时，即$k<\hat{k}$，市场规制结构在规模经济和管理方面都具备优势。

假说2：当最优资产专用性显著时，即$k>\hat{k}$，纵向一体化则具有优势。不仅市场无法实现汇集经济的好处，而且由于高度资产专用性带来了“锁定”问题，使市场规制存在风险。

假说3：中等程度的最优资产专用性，只会出现较小的成本差异。当k处于$\hat{k}$的领域中时，即在$\hat{k}$附近变动时，两种规制结构有趋同的现象，因此混合管理产生了。混合管理是指可以看到某些企业采取市场规制，另一些企业采用纵向一体化，并且所有企业都对它们的采购方案表示“不满意”。历史的偶然可能起决定作用。

假说4：更一般地，值得注意的是，由于在生产成本方面纵向一体化同市场相比总处于劣势（ΔC总是大于0），因此，企业将永远不会仅仅由于生产成本的原因而实行一体化。只有当立约困难出现后，企业与市场的比较才会支持纵向一体化——只有在那时，k的值才会显著地超过$\hat{k}$。

假说5：如果其他条件相同，生产规模大的企业比生产规模小的企业更倾向于一体化。

由图5-10可以看出，生产批量加大会使市场与纵向一体化的边界$\hat{k}$变小。

假说6：如果其他条件不变，那么M型企业会比U型企业更多地实行一体化。根据威廉姆森1970年提出的观点，内部组织受官僚主义影响的程度是随着企业内部结构而变化的。因为假定M形式是可行的，多部门化就起到了检查出现在企业U形模式中的官僚主义扭曲的作用。按图5-10的描述，M形组织的ΔG是下降的（也即β_0点下降），此时假定ΔC不变。

当然，经济化的描述中只比较了纵向一体化与市场化这两种极端的组织模式的边界，大量的介于两者之间的混合模式边界以上并没有描述。例如，长期合约、企业联盟、纵向控制等，这也是该模型的局限。

5.5 农产品营销渠道变迁的技术进步及消费者需求作用机理

5.5.1 技术进步对渠道变迁的必要性

随着我国农产品营销主体的快速发展，各方面对于完善农产品营销渠道的要求越来越高。除了市场基础设施差、装备水平低、经营秩序不规范、服务功能单一等弊端外，流通技术的落后导致的流通成本高、效率低、效益差等问题已经成为阻碍我国农产品营销渠道健康发展的深层次原因。

5.5.1.1 粗放型的农产品营销模式难以为继

改革开放后，中国农村最大的变化是农村劳动力大量向城市转移。这对提高农民收入，转变农民生产生活方式，提高农民人力资本，解决工业化、城市化、现代化过程中劳动力短缺的问题起到了重大的作用。农村剩余劳动力向城市大量转移是改革开放的一个成果。但同时留在农村从事农业生产的数量到质量上都有较大的欠缺。农村被空洞化了，从事农产品生产的是妇女、老人及儿童。农业基础设施落后，人力资本含量低使得相当多的地区农业生产和流通均采用粗放型的生产流通方式。种植品种单一，采用小生产的生产流通方式使农业生产率大大降低。耕地面积逐渐在减少，复耕土地数量不足严重妨碍了农业农村的发展。由此可以看出，靠粗放型的农产品营销方式难以为继。

5.5.1.2　劳动力价格提高、技术投入不足使农产品价格居高不下

农村人口转移存在“过度化”现象，现有的实际从事农业生产的劳动力不能满足农业发展对劳动力数量和质量的要求。2000—2015年，玉米、小麦、水稻平均每亩人工成本从126.35元增至447.21元，平均雇工日工资从18.7元增至112.39元，按当年价格计算年均分别增长9.2%与13.1%，同时平均每亩人工成本占总成本比重从35.5%增至41%。劳动力价格大幅度提高使得传统的劳动密集型生产方式必须得到根本性地转变。除了鼓励大学生、企业家新型农业主体回归农村从事农业生产，加强土地流转，提高农业生产的规模化、组织化外，提高农业生产流通技术也是必由之路。

5.5.2　技术进步及消费者需求推动渠道变迁的模型

1971年速水和拉坦共同提出了一个农业技术创新模型。速水-拉坦模型是建立在新古典生产者均衡理论之上的。

以农业生产为例，$y=f(L, R)$，y为产出，L为劳动，R为土地。P_L为劳动的价格，P_R为土地的价格，M为生产经费，y_0曲线为等产量线。

$P_L \cdot L+P_R \cdot R=M$ 为等成本线，E^*为生产者均衡点，它意味着生产者在现有的约束条件下追求到了最大的产量，见图5-11。

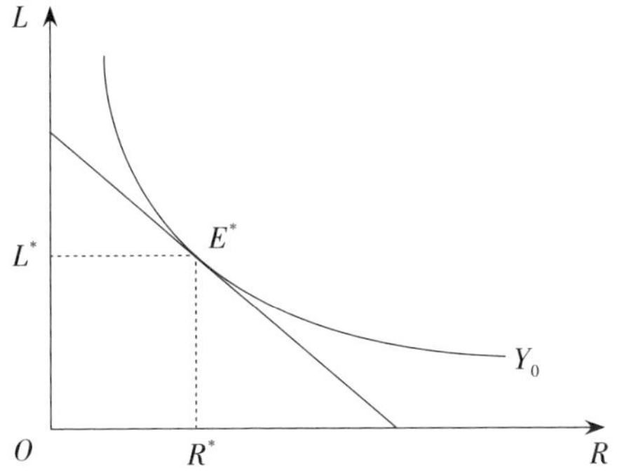

图 5-11　生产者均衡图

若劳动价格相对于土地的价格上升，则理性的生产者会多使用土地而少使用劳动，见图 5-12。

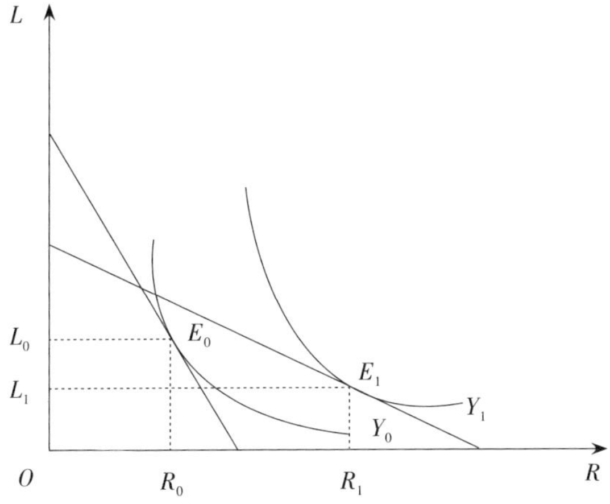

图 5-12　相对价格改变后的生产者均衡图

速水-拉坦模型里提出了一个技术创新可能性曲线，IPC，它是一组由不同技术条件下的产量相同的等产量线的包络曲线，也可以称作公切线。例如，使用不同性能的收割机的状况，IPC 曲线有无数条，它描述不同产量线的技术创新路径。见图 5-13。

当劳动相对于土地价格上升时，生产者均衡点也随之发生改变，见图 5-14。

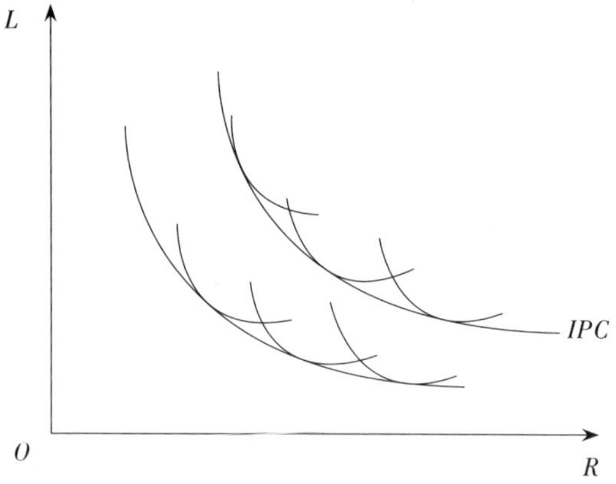

图 5-13 技术创新可能性曲线

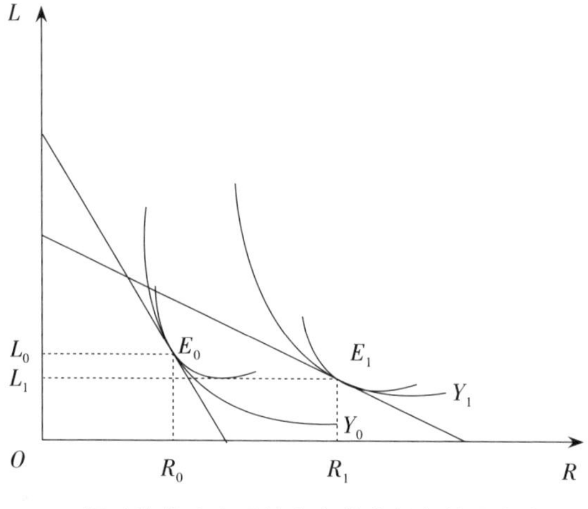

图 5-14 相对价格改变后的考虑技术创新的生产者均衡点

由于相对价格改变，L_0下降为L_1，R_0增加为R_1，由于少使用了劳动，机器技术水平出现了变化，也就是导致一个劳动力使用了更多的机器动力。劳动减少，土地增加，机器技术也增加，土地与动力之间有一个正相关的关系，见图5-15。

综合图 5-14 和图 5-15 得出，速水-拉坦机器技术进步模型，见图 5-16。

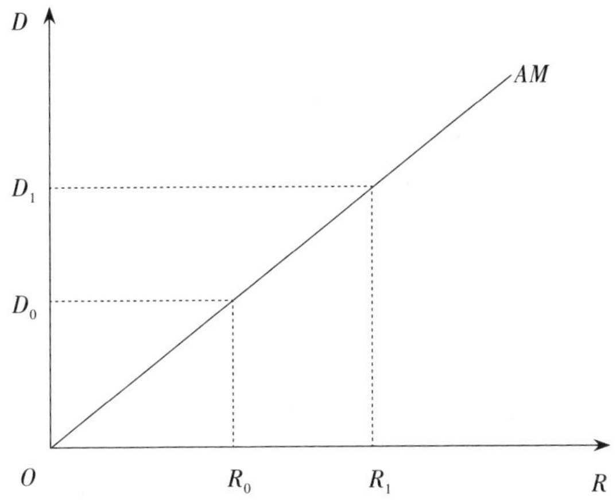

图 5-15　土地与机器动力正相关

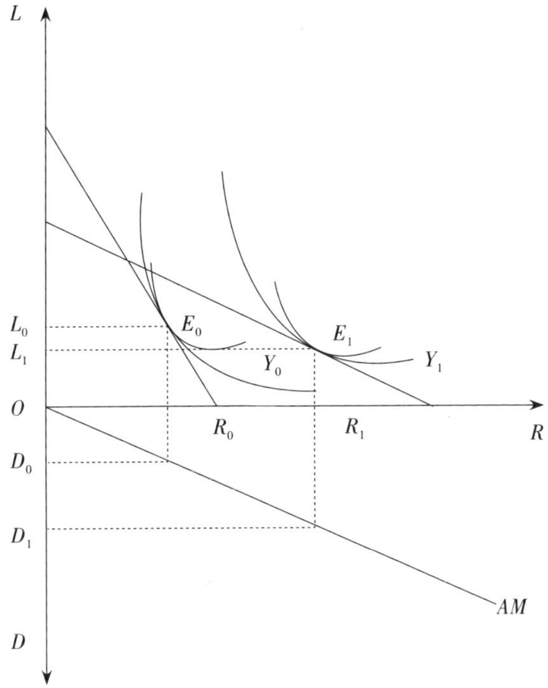

图 5-16　速水-拉坦机器技术进步模型

同理，若劳动不变，农业生产的两种可变要素，假设是土地 R 和化肥

H。当土地相对于化肥价格上涨时，生产者选择多使用化肥而少使用土地，多使用化肥又引发了使用化肥的技术设施投入的增加，速水与拉坦称这是生物技术进步的过程，如图5-17所示。

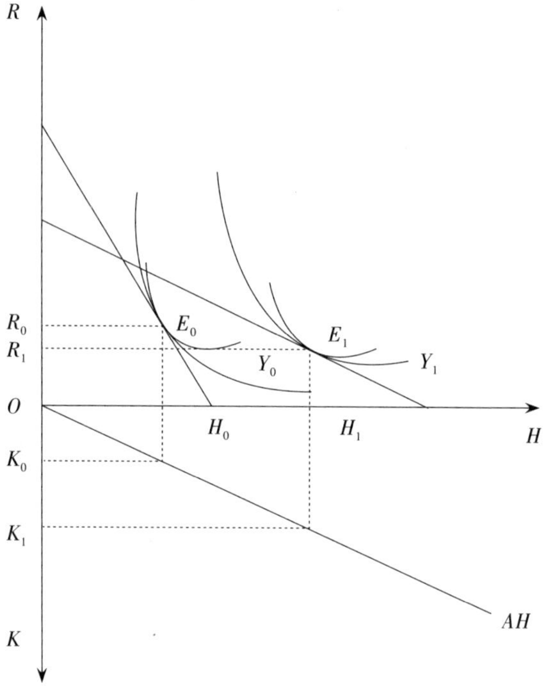

图5-17　速水-拉坦生物技术进步模型

速水-拉坦模型给我们如下启迪：其一，机器技术创新和生物技术创新都是由生产要素相对价格改变导致的，它具有诱致性变迁的特点。其二，当劳动相对短缺而土地相对丰富的国家或地区应该走机器技术创新的道路，而土地相对短缺、劳动力相对丰富的国家或地区应该走生物技术创新的道路。

速水-拉坦模型对本研究虽然有启发，但它们只是研究了生产者行为，研究农产品营销渠道必须考虑消费者的影响，构造一个考虑消费者影响的技术和制度创新模型是本研究的创新之处。

令 $U=f\left(x, y\right)$ 代表消费者的效用函数，其中 U 为总效用，x 是产品的数量，y 是产品的质量，U_0 是等效用曲线，它表示不同的产品数量与质量的组合，给消费者带来的效用没有区别的点的组合。

令 M 为消费者的计划支出，Px，Py 分别是 x 和 y 的价格，$Px \cdot x+Py \cdot y=M$ 是消费可能线，点 E_0 是消费者均衡点，它意味着消费者在现有的约束条件下追求到了最大的效用，见图5-18。

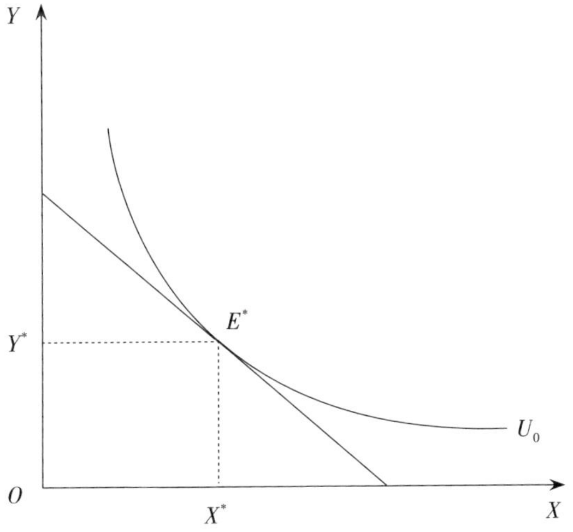

图5-18　消费者均衡图

当相对价格提高时，均衡点由 E_0 变到 E_1，意味着消费对数量要求少了，对质量要求多了，见图5-19。

令 IPC 为认知可能性曲线，它是指随着消费者认知的改变，效用水平不变的等效用线的包络曲线。不同的效用水平匹配不同的认知可能性曲线，见图5-20。

考虑消费者认知水平变化的消费者均衡点，见图5-21。

当相对价格改变后，消费者对产品质量的要求提高，必然引发提高产品质量的技术投入的增加，因此技术效率和产品质量有正相关的关系。见图5-22。

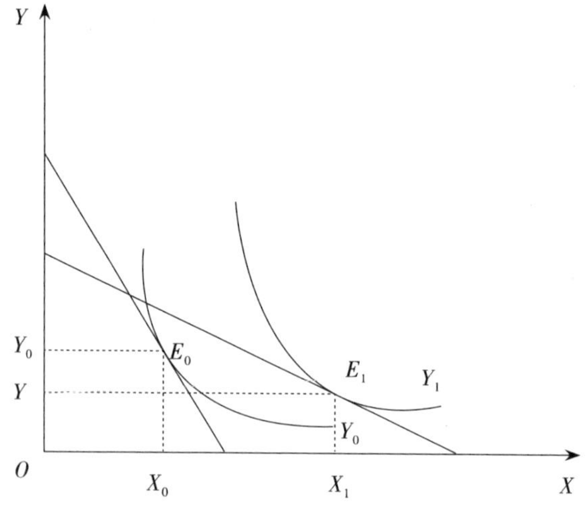

图5-19　相对价格改变后的消费者均衡

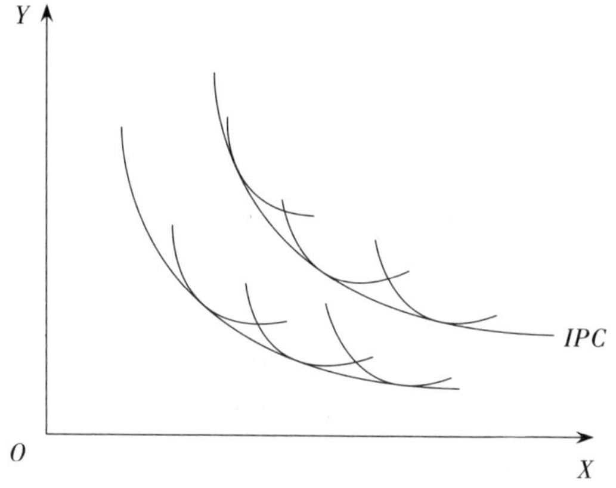

图5-20　消费者认知可能性曲线

综合图5-21和图5-22得出，考虑消费者偏好的生产技术效率模型，见图5-23。

同理，将横轴设定为服务F，纵轴设定为产品的数量X，令流通技术效率为I，由于X相对于F价格的提高引发了人们对服务要求的提高。服务水平提高必然要加大服务设施的投入。由此可见，服务水平与营销技术投入有正相关的关系，见图5-24。

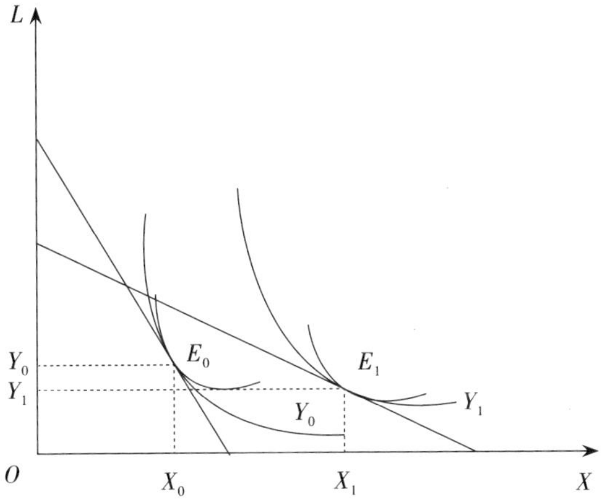

图 5-21　考虑认知改变的消费者均衡点

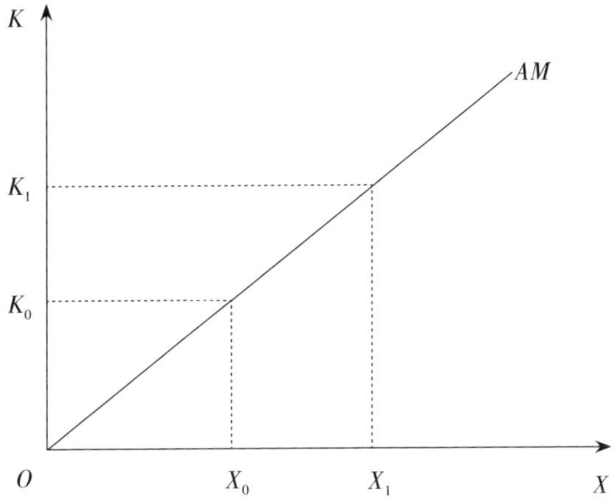

图 5-22　产品质量与生产技术效率相关图

综上，速水-拉坦制度创新模型见图 5-25。

本研究创新后的速水-拉坦模型给出如下四个假说：

假说 1，农产品营销渠道生产技术效率和流通技术效率的提高均源于相对价格改变后消费者对产品质量及服务要求提高所引发的，它具有诱致性变迁的特点。

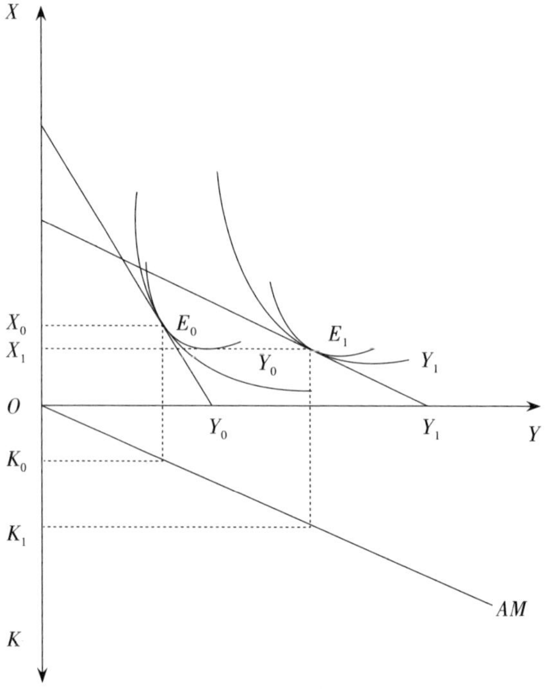

图 5-23　考虑消费者偏好的生产技术效率模型

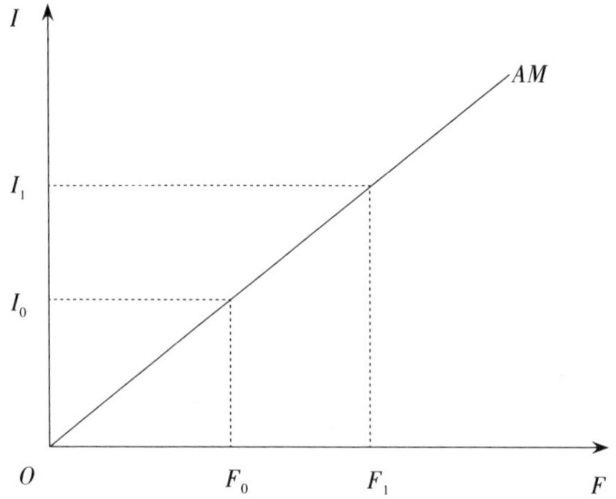

图 5-24　服务水平和营销技术投入正相关

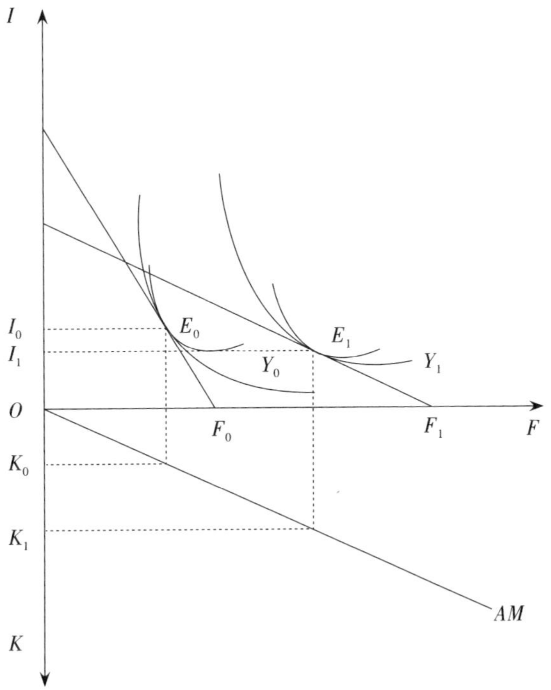

图 5-25　考虑消费者偏好的流通技术效率模型

假说 2，生产技术效率与流通技术效率的改变和消费者的认知水平息息相关。

假说 3，生产技术效率与流通技术效率必须和消费者均衡点相匹配，过度地追求技术进步也是浪费。

假说 4，农产品营销渠道内外部政治经济要素的变化，能够直接造成相对价格的改变。

5.5.3　技术进步推动中国农产品营销渠道变迁

技术进步作为经济增长的主要源泉，在索洛（Robert Merton Solow）的经济增长模型中被提及。索洛认为仅仅考虑劳动、资本等要素投入去解释经济增长远远不够。技术进步可以提高全要素生产效率，当劳动、资本等要素投入不变，技术进步也能带来经济增长。而这种集约型的增长是经济增长的主要方式，在索洛的研究中技术进步作为外生变量，而罗默和卢卡斯（Romer 和 Lucas）的研究将技术进步作为内生变量，它和研发投入及教育发展状况息息相关。熊彼特（Schumpeter）认为创新是技术进步的本源，熊彼特式的经济增长模式是以创新带来的技术进步作为增长的动力，他认为内生性的研发和创新是技术进步的根本原因，研发和创新是为了获取垄断地位。

在农产品营销渠道的变迁过程中，每一步都有技术进步的痕迹。流通技术的研发和应用促进了我国流通领域自动化、信息化、标准化和现代化等，目前我国农产品营销仍存在着商流交易模式落后、物流配送不尽如人意、信息化建设水平低、区域两极分化和流通专业人才匮乏等问题，应该增强商流模式的多元化，发展电子商务交易平台，推广拍卖交易；建设大型物流配送中心，以物流配送中心为龙头推进连锁经营；推进供应链管理，提高流通效率；加速流通信息化建设，降低交易成本。同时，流通技术的广泛应用，会使流通领域技术密集化的趋势越来越明显，电子商务迅速普及，推动流通基础建设达到一个新台阶。

5.5.3.1　物流配送技术对农产品营销渠道变迁的影响

根据前文中的流通技术效率模型，农产品营销渠道所提供的服务水平主要与流通技术正向相关。物流技术首先包括基础设施的完善，全国范围和地区范围的公路铁路网络的建设，特别是高速公路和高速铁路的建设，大大减少了农产品营销的时间，延长了农产品的供应半径。而基础设施投入不足的边远山区，尽管拥有受市场欢迎的绿色有机农产品，但是由于基础设施落后，无法实现供需的衔接。基础设施完善与否影响农产品营销渠道的长度和宽度。其次，是储运技术，对于具有鲜活特点的农产品营销而言，保质保鲜是关键。自然常温的物流储运技术会使鲜活的农产品质量下降、损耗增加。冷藏技术和冷链运输技术的出现使具有鲜活特点的农产品长距离流转成为可能。现代保质保鲜技术的发展及应用必然带来农产品营销的规模化、产业化和现代化。着眼未来，新型技术设施的建设，各种交通运力的联运，特别是低空经济的到来，会给农产品保鲜运输带来更好的机会，进一步延长供应半径、降低物流成本。

5.5.3.2 信息技术对农产品营销渠道变迁的影响

流通技术进步的另一个重要部分是信息技术的发展，对当前我国农产品营销渠道的变迁有着更为深刻的影响。农产品电商所采取的订货、发货、结算处理以及进出库、分拣、分类、包装、信息收集与传递等方面广泛应用计算机网络技术、现代通信技术、自动化技术，实现现代化、自动化处理和控制的同时，在整个供应链中实现信息共享。将传统农产品物流分散的运作进行整合，通过信息化实现资源共享。通过网上交易、拍卖等方式，节省交易成本，提高物流效率和服务水平，逐步实现农产品物流作业的机械化、自动化、网络化和智能化。电子商务平台的建设为农产品营销渠道打开了崭新的渠道。以大连市旅顺口区为例，2014年，旅顺口区率先在阿里巴巴注册了济民大樱桃专业联合社，全国采购商直接与联合社的100多家樱桃园设点采购。2015年，又在京东设立旅顺口区地方特色馆，将旅顺口区更多的农产品推向全国。2016年，旅顺口大樱桃产量达3万吨，网上销售5 000吨左右，约占总销量的1/6。另一方面，条码技术使农产品安全得到保证。农产品质量安全领域将继续应用溯源技术、条码技术、HACCP技术等，利用现代信息技术手段对农产品营销中的各个环节进行信息化监测，实现农产品生产的产前管理、产中管理、产后管理、生产预警、统计分析、条码打印、短信发送和消费者端的质量追溯、质量反馈、健康指导等功能，农产品安全监管效率将不断提高，农产品质量也不断提升。总之，农业大数据、农业人工智能以及农产品区块链等信息技术的应用，对营销渠道中各个主体打破信息不对称、增强决策的理性、降低履约监督成本起到重要作用。特别是对于龙头企业和大型零售终端来说，农产品合约的透明化、标准化、自动化趋势，是否会降低纵向一体化趋势转而朝平台化发展尚待观察，但新技术的商业化应用无疑会降低成本，为渠道创造更多获利空间，成为打破静态均衡的变迁力量。

5.5.4 消费者需求对我国农产品营销渠道变迁的作用机理

农产品营销渠道是联系连接农产品生产与农产品消费的重要纽带。根据市场营销理论，需求是一切市场行为的基础，而农产品需求包括了农产品总量需求及结构需求。

5.5.4.1 需求的总量变动与结构作用机理

农产品总量需求是指在一定时期内在某一市场上消费者愿意并可能购买农产品的数量。随着人口、购买力、消费者偏好的变化，农产品的需求总量与需求结构也会发生变化。消费者需求总量的变动主要受消费者数量及消费者自身购买力的影响。随着改革开放的深入，人口的迁移速度大幅提升，而绝大多数农产品是消费者的刚性需求。因此，人口总量和购买能力的变化是农产品需求总量变动的主要影响因素。当前我国出生率较低，各个地区人口总量的增加主要依赖于人口的迁移。这与地区的社会经济发展状况、户籍制度的改革及城镇化的进程息息相关。人口越多，对农产品总量的需求也就越大。而消费者购买力的大小也影响着农产品，特别是品牌农产品的需求总量。消费者购买力的大小与消费者的可支配收入密切相关，因此如何提高消费者的收入，特别是边际倾向较大的低收入群体的消费倾向也是提高农产品需求总量的关键因素。一般而言，需求总量的增加直接导致农产品营销渠道的规模化、集约化和现代化，需求总量的加大也使专业化生产及分工程度大大提高，职业经纪人及中间商、零售商的数量也与市场总量的变化息息相关。

农产品需求结构的变化对农产品营销渠道产生重要的影响。例如我国人民的农产品需求结构从“谷物为主，蔬菜为辅”的需求结构逐步演变为“肉、蛋、奶”并重的需求结构，这不仅要求我国农产品生产结构要发生较大的调整，而且冷藏、冷链设施的完善也日益必要。再如，随着安全、绿色理念的深入，消费者对有机的绿色的农产品的购买需求日益增长。因此，在农产品营销过程中，认证体系、监管体系、品牌效应的作用越来越大。这使得农产品营销渠道的变化由分散的近乎于完全竞争的低度均衡状态向双边垄断的高度均衡过渡。由于寡头垄断市场兼顾了竞争的效率及垄断的规模经济，它将是农产品营销渠道变迁的发展趋势。

5.5.4.2　消费者购买模式的作用机理

除农产品需求总量及结构的变化对农产品营销渠道变迁产生较大影响外，消费者的购买模式的变化也对我国农产品营销渠道的变迁具有较为显著的影响。赵晓飞和李崇光（2012）认为消费者购买模式的变化是农产品营销渠道变革的核心力量。他们认为农产品营销渠道的外部因素，即经济、法律、文化及新技术、新方式的引入都会引起消费者购买模式发生重大改变，如图 5-26 所示。而这种购买模式的变化将会推动农产品营销渠道内部的渠道权力、交易成本及价值链相应发生改变，从而引发农产品营销渠道发生变革。例如随着消费者收入的增加及消费者偏好的改变，人们的购买模式已经从“买得到”转变为“买得好”，这对农产品的质量、服务、品种及方便快捷方面都有了更高的要求。而这种新的购买需求要求我国农产品营销渠道进行较大的变革，以形成大型农产品生产基地、大型物流中心、大型超市等新型农产品营销组织。

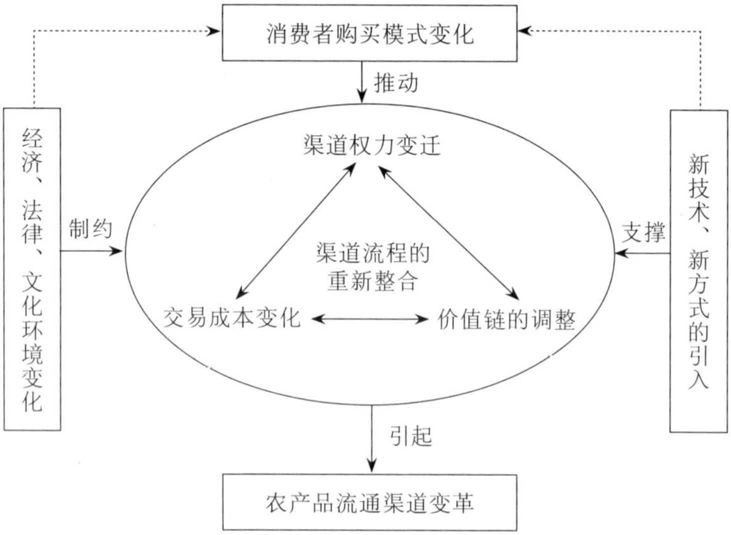

图 5-26　农产品营销渠道变革的驱动力

资料来源：赵晓飞，李崇光. 农产品营销渠道变革：演进规律、动力机制与发展趋势［J］. 管理世界，2012（3）：85.

6
农产品营销渠道的变迁路径和趋势

在分析农产品营销渠道变迁的主要因素和其作用机理的前提下，本章重点在“政治-经济”分析框架下探讨农产品营销渠道变迁的路径。强制性变迁来自政治要素的改变，而诱致性变迁的动因是相对价格的改变。与此同时，相对价格的改变也离不开政治、经济要素的改变。

6.1 强制性变迁与诱致性变迁的成因及效应

6.1.1 诱致性变迁的成因及效应

根据林毅夫的制度变迁理论，制度有两个功能：其一是效率功能，适应性的制度安排可以为社会成员提供一套行为规则从而降低交易费用，提高了资源配置及其他社会活动的效率。其二是安全功能。适应性的制度安排可以克服未来的不确定性，规避风险。农产品初级营销渠道多为单个农户和小商小贩的松散行为。其安全和效率都比较差。改革开放后，从上到下不断地有新的政策和民间的改革经营推广。传统的农产品营销渠道的均衡状态经常被打破。从农产品的统购统销到土地承包，从农民的自主经营自负盈亏到农产品营销组织化程度的提高，职业经纪人的出现及合作社等新兴组织的建立都是均衡不断被打破的结果。原有的农产品营销渠道均衡被打破会带来一系列的获利机会。理性的行为主体为了获取新的渠道利润增长点，有机地推动渠道结构的变迁。例如，出现了异地的倒买倒卖，出现了职业的商贩，出现了专业的物流公司等。

本研究结合“政治-经济”分析框架，从外部政治、内部政治、外部经济、内部经济四个角度分析导致诱致性变迁的因素。其一，外部政治因素导致制度选择集发生变化。制度选择集的改变有两个趋势：选择集变大或变小，选择集的变大意味着选择主体自由度的增加，可以提高选择主体的福利，反之则降低了选择主体的福利。改革开放后，由于遵循着市场化的改革取向，农产品营销渠道的选择主体拥有了越来越多的选择自由。例如，土地所有权、承包权、经营权的三权分离，使得农产品生产与流通的规模化，资本化、现代化成为可能。再如户籍制度的改革及城镇化的出现使得走出农村的农民的人力资本和社会资本不断地提高。中国共产党第十九次全国代表大会将农村土地承包权推后30年及目前在农村普遍进行的集体资产确权工作都会对制度变迁起到有力的推动作用。但是政府的公共政策有时也会对诱致性变迁产生负面影响，例如，2008年国家玉米临储政策的推出，导致玉米的产量和价格大幅度提高。而玉米的价格高又导致了养殖业和玉米深加工公司的衰败。玉米的营销渠道出现了高产量、高库存、高进口的现象。2016年国家玉米临储政策的调整采取了市场销售加补贴的方式，导致玉米生产增加，农民收入的下降和农业种植结构的调整。而玉米价格的下调使玉米深加工和养殖业又有了较大的发展空间。可见，政府的政策往往是导致相对价格改变的重要因素。

其二，外部经济主要是指与农产品营销渠道相关的水平市场与垂直市场的竞争状况。水平市场竞争是指渠道同一层次上相同渠道主体之间的竞争，如农产品市场上同等级的批发商之间的竞争，职业经纪人之间的竞争及从事农产品销售的零售商之间的竞争等。它们的竞争实质是对渠道系统中经济利润的争夺。这种竞争反映在产品价格、质量、品牌等多个方面，具有品牌优势及产品优势的企业更可能在竞争中获胜。因此，规模化程度高的龙头企业及拥有较好信誉的大型超市的出现是一种变迁的趋势。垂直市场竞争是指渠道中不同层次渠道主体之间的竞争。如零售商与批发商的竞争，批发商与生产者的竞争，及生产者与要素供给者之间的竞争。例如，劳动力的价格上升引发了农产品营销渠道由劳动密集型向资本密集型和技术密集型方向变迁等。外部经济中的宏观经济运营状况、消费者收入及偏好的变化等因素也对渠道变迁产生一定的影响。

其三，内部政治是指营销主体在渠道内所拥有的渠道权力大小和相互依赖的关系。目前我国农产品营销主体之间处于低依赖关系和低权力匹配的平衡状态。这不能满足营销渠道现代化规模化的要求，因此，应该提高渠道主体之间的依赖程度，加大主体之间合作的深度。所以，各种合作组织的出现是变迁的趋势。

其四，内部经济是指营销主体采用了生产交易总费用最低的渠道模式。生产交易费用的变化是导致渠道变迁的内在动力。技术水平的变化对于农产品营销渠道变迁的影响是非常显著的。例如，农业生产技术的提高将过去玉米的亩产量从几百斤提高到两千斤，这期间除了玉米种子的改良外，还有机械化、规模化生产大大地节约了劳动力，使农民从脸朝黄土背朝天的劳作中解放出来。而农产品运输储备技术的提高，使具有生鲜特点的农产品提高了其销售半径。物联网技术的出现，降低了信息传播成本，有效地衔接了供求。电子商务已经成了农产品营销的重要渠道，物联网及滴灌技术的出现大大地提高了农业生产资料的使用效率。合作社、龙头公司、农超对接超市等新型组织形态的出现使农产品营销的组织化程度有了显著的提高。农村合作组织的出现也提高了农民在农产品在流通过程中的讨价还价能力等，降低了交易成本。选择集的扩张整体上提高了从事农产品生产与流通工作的农民的福利，改变了他们的经济和社会地位。

6.1.2 强制性变迁的成因及效应

诱致性变迁是一个缓慢的过程，由于它在发展过程中能够因地制宜地吸收来自真实世界的各种信号，所以，它成功的可能性比较高，是一种自然自发的变迁过程。当然，诱致性变迁有两个问题需要解决：第一，过程比较缓慢，由下而上的变迁实践及推广需要相当长的时间。第二，由于制度安排并不是专利，具有非竞争性、非排他性的公共品性质，因此产生了搭便车的激励。许多人都试图享受变迁的利益而不去承担变迁的成本。这种搭便车的激励，使得制度的供给相对于制度的需求有较大的缺口，诺斯的制度变迁理论认为可以用意识形态的投入增加去解决搭便车的问题。而林毅夫认为应该由政府强制性的变迁去弥补制度的供求缺口。

改革开放以来，中国许多制度变迁源于顶层设计。例如，经济开发区、自贸区的建设和西部开发及东北振兴等等都有鲜明的强制性变迁色彩。农产品营销渠道的变迁遵循着从计划向市场的转变也有鲜明的政府痕迹。诺斯（North）在《经济史中的结构与变迁》中写道："国家的存在是经济增长的关键，然而国家又是经济衰退的根源；这一悖论使国家成为经济史研究的核心，在任何关于长期变迁的分析中，国家模型都占据显要的一席。"诺斯认为国家为了获取收入，以一组作为保护的服务与公民进行交换。由于提供服务具有规模经济，国家提供的服务获得的总收入大于社会个体保护自己获得的总收入之和。国家及代表国家的政府存在具有效率的依据。问题是政府有没有激励和能力提供诱致性变迁所不能提供的、适当的制度安排。诺斯认为"政府提供博弈规则时有两个目的：一是界定形成产权结构的竞争与合作的基本规则（即在要素和产品市场上界定所有权结构），这会使统治者租金最大化。二是在第一个目的框架下降低交易费用以使社会总产出最大，从而使国家税收增加"。第二个目的与社会总福利最大化是激励相容的，它包含了社会总产出最大的产权制度。而第一个目的是追求统治者租金最大，有时会偏离社会总福利最大的目标。因此不难理解政府有时会维护无效率的博弈规则。例如农产品营销渠道变迁过程中出现的非常复杂的各种补贴政策，就是滋生设租和收租的温床。林毅夫认为维持一种无效率的制度安排和国家不采取行动消除制度不均衡，都属于政策失败。而政策失败的起因有如下几种：统治者的偏好和有限理性；意识形态的刚性；官僚政治；利益集团冲突；科学知识的局限。在农产品营销渠道强制性变迁的过程中，以上几点均可能制约有效率制度安排的出现。

第一，政府偏好和有限理性。公共选择理论将政府作为一个理性的行为主体，它总是在自己的权威范围内建立有利于统治者利益最大化的制度安排。例如在调研中，辽宁省TL市曙光集团的董事长宋立新认为，政府如果支持农产品深加工公司的发展从而消化过剩的玉米，减税比补贴更易操作。为什么政府更多地偏好补贴？显然农业补贴政策更容易设租。此外，由于有限理性，即使统治者愿意提供有效率的制度安排，但是了解原有制度的不均衡原因以及设计新的制度安排需要的信息非常复杂，脱离真实场景的一厢情愿往往事与愿违。例如强行推进城镇化及玉米收购的临储政策都有这方面的教训。

第二，意识形态的刚性。意识形态是一种节约机制，如果公民对现行的制度安排有较强的公平信念，那么政府治理的交易成本很小。因此政府有激励进行意识形态的投资。但是随着制度不均衡被打破，现实状况与意识形态之间出现了矛盾，意识形态也会发生改变。如果固守原来的意识形态，就会影响有效率的制度安排出现。转变观念、解放思想显得尤为重要。例如对个人产权的保护、诚信为本、致富光荣等新的意识形态是农产品营销渠道变迁过程中所必需的。

第三，管理机构效率降低。为了维持政府职能的实现，必须拥有一套完整的组织管理机构。与农产品营销渠道相关的政府部门非常多，不但有财政、税务、公安、司法、交管等职能性的政府机构，还包括服务委、农委等专门的政府机构。这些机构存在的问题包括：一是机构过于庞大，以TL市CT县农发局为例，局长与副局长共有8人之多；二是容易增加不同公共部门之间协作的制度费用。当约束与激励机制不完善的情况下，委托代理的风险非常大。即官员追求自身利益最大化，偏离了原本的政策目标。

第四，利益集团的冲突。随着改革的深入，能增加所有人的利益或至少不损害任何人利益的帕累托改进空间已经很小了，在农产品营销渠道的均衡被打破后必然是有人受益、有人受损。因此制度变迁的过程也是利益和权力再分配的过程。如果变迁的损失者得不到适当的补偿，他们将极力反对这一变迁的出现。政府在平衡各方面利益时往往举步维艰。在调研过程中，TL市CT县的一位县领导就表现出对土地确权这一做法的不积极。他认为土地确权引发的农户之间的冲突和由此带来的社会动荡，不如模糊的产权更好。此外，集体利益与个人利益、效率与公平、种粮大户和小户、合作社与村民、龙头公司和农户之间都有着多重的利益冲突。这种冲突如果没有得到妥善处理，就容易阻碍有效的制度变迁。

第五，知识的局限。在推进强制性变迁过程中，因社会科学知识不足导致的非效率问题可溯源制度设计的认知局限。“知识分散性”理论指出，有效制度的形成依赖于分散在社会中的局部知识，而政府若缺乏对社会互动机制的深刻理解，可能忽视制度与本土实践的适配性，陷入“理性建构谬误”。诺斯的路径依赖理论进一步表明，知识不足的决策者易受既有利益结构影响，选择与原有制度耦合但低效的变迁路径，形成锁定效应。青木昌彦的比较制度分析则强调，制度互补性要求改革必须协调多重关联规则，若政府对社会网络、文化规范等隐性制度知识掌握不足，可能破坏系统协同性。斯蒂格利茨的信息不对称理论补充道，政策设计若未充分吸纳地方治理经验，将加剧执行偏差与激励扭曲。这些认知盲区共同导致制度供给与实际需求错配，降低变迁效率。

综上，本研究认为农产品营销渠道的变迁，应该走诱致性变迁与强制性变迁相结合的方式。在制度供给不能满足制度需求的情况下，强制性变迁是必要的补充。诱致性和强制性协同变迁的过程可以用图6-1加以描述。在中国改革的历史上，强制性变迁起到了无法低估的作用。在实践工作中，我们应该鼓励推广诱致性变迁的经验，宽容变迁过程中的越界行为。同时，重视政府在变迁过程中的引导作用，最大程度地克服强制性变迁造成的负面影响，让有效率的制度安排早日出现。

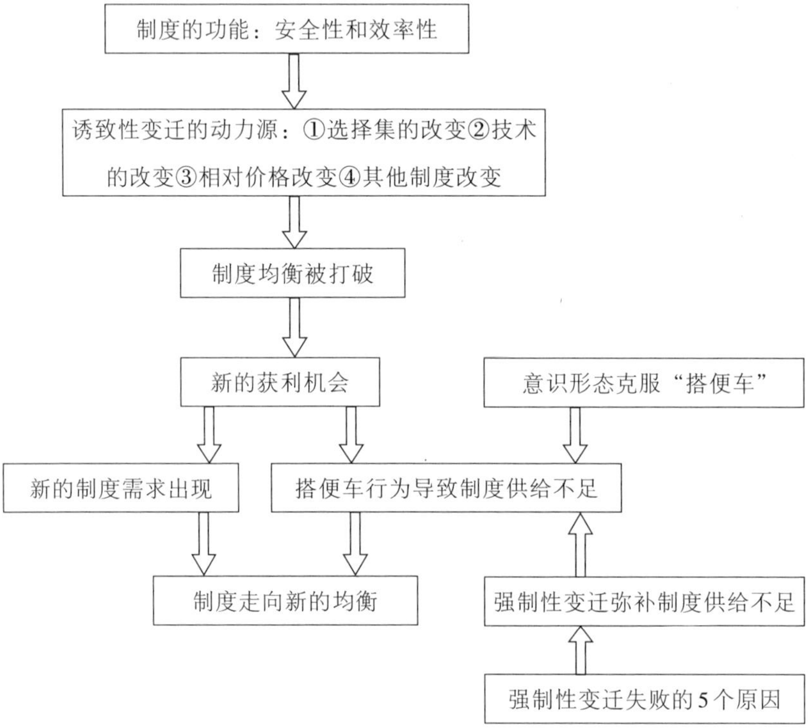

图6-1　诱致性变迁与强制性变迁协同分析框架

6.2　诱致性变迁与强制性变迁的案例分析

6.2.1　案例来源与案例背景描述

6.2.1.1　案例来源

随着玉米临储政策的取消，东北地区农产品种植结构失衡问题进一步加重，制约着东北农业经济的发展。东北地区农业种植结构转型势在必行，因此对东北典型农村种植结构转型路径进行实地研究，对为东北地区乃至全国农业种植结构转型提供成功的经验与失败的教训具有重要的意义和价值。

2016年10月28日，本研究与东北财经大学农村发展研究中心的6位成员前往TL市CT县就农业结构调整及农产品营销组织状况，随后于2017年2月14日到20日，本研究又进行了为期6天的深入调研。该调研工作得到了CT县县委县政府的高度重视及配合，CT县县委副书记杨成田、副县长王瑶、县农发局局长刘长江及曙光集团的董事长宋立新给予调研工作大力支持。

本次调研重点对CT县农业经济发展局、曙光集团、平安堡镇镇政府、平安堡镇十里村傅家镇政府以及傅家镇傅家村等进行实地调研。调研内容以访谈为主：共获得1 145分钟的访谈视频和713分钟的访谈音频，访谈对象始自县委县政府、镇政府，终到企业、村民代表等，拍摄照片近2 000张。本研究访谈对象时间和内容等情况参见表6-1：

表6-1　　访谈对象、时间和内容一览表

	案例一：十里乡情合作社	案例二：傅家镇
访谈对象与样本数量	村干部及合作社领导（5人）、种植户（5人）、经销商（3人）、加工企业（4人）	八面城镇镇长（1人）、村委会干部（3人）、种植户（7人）、经销商（2人）
样本描述	村干部及合作社领导：均为男性，平均年龄45岁，共5人，其中1人为村支书，其余4人为村委会干部，同时兼任合作社的发起人； 种植户：均为男性，平均年龄40岁，从事胡萝卜种植5年以上； 经销商：均为男性，平均年龄43岁，从事农产品经纪人工作10年以上； 加工企业：均为男性，平均年龄37岁，从事胡萝卜汁生产2年左右	八面城镇镇长：男性，年龄35岁； 村委会干部：男性，平均年龄40岁，负责地瓜的种植及销售指导工作； 种植户：男性5人，女性2人，平均年龄47岁，从事地瓜种植3年左右； 经销商：男性，平均年龄35岁，从事蔬菜运销5年以上

续表

	案例一：十里乡情合作社	案例二：傅家镇
平均访谈时间	村支书：120分钟 合作社领导：40分钟 种植户：20分钟 经销商：30分钟 加工企业：30分钟	八面城镇镇长：120分钟 村委会干部：30分钟 种植户：20分钟 经销商：30分钟
访谈内容	村干部及合作社领导：合作社成立的背景、遇到的困难、与其他合作社有哪些不同，合作社内部的管理制度及国家政策； 种植户：胡萝卜种植情况、销售形式、利润情况、成本情况及遇到的困难； 经销商：交易的形式、交易的条件	八面城镇镇长：种植品种的选择动因、种植规模、遇到的困难、镇政府的指导工作及国家政策。 村委会干部：在农产品结构调整过程中所做的工作、遇到的困难； 种植户：地瓜种植情况、销售形式、利润情况、成本情况及遇到的困难； 经销商：交易的形式、交易的条件

6.2.1.2　案例的背景描述

本章研究的案例分别以辽宁省CT县十里村（案例一）和傅家镇（案例二）的农产品营销为背景，两个案例的背景信息如下：

CT县是辽宁省非常典型的农业大县，曾在“以粮为纲”的年代在全省居于重要位置。随着市场经济的不断深入，以农业生产为主要经济来源的CT县面临着较大的困难。无论是财政收入还是百姓家庭收入均在全省居于落后地位。2016年，国家玉米临储政策进行了调整，玉米的价格由每斤1元下降到每斤0.6元左右。虽然国家给予种玉米的农户每斤0.1元的补贴，但是以种植玉米为主要品种的CT县农民，在东北经济不景气的冬天还是感到了雪上加霜。如何调整农产品种植结构，如何保证有良好的营销渠道，让农民辛辛苦苦种植的农产品能够合理变现是TL市CT县农业及农村发展的重要课题。

CT县位于辽宁省最北部，处于辽宁、吉林、内蒙古交界处，区域面积4 317平方公里，下辖39个镇（场），有425个行政村，总人口104万，其中农业人口80.5万，占总人口的80%。CT县交通便利，是东北地区铁路、公路的重要枢纽。102国道、303国道、京哈高速公路、长深高速公路、京哈铁路、平齐铁路、哈大高速铁路7条交通要道在CT县穿过。

CT县是玉米主要产区，现有总耕地面积489万亩，2016年玉米种植358.9万亩，占总耕地面积73%，除玉米之外，CT县还有花生、水稻、马铃薯、胡萝卜等作物。2015年粮食产量达到54.86亿斤，占辽宁省粮食总产量的1/8，占TL市粮食产量的1/2。CT县同时也是远近闻名的畜牧大县，全县畜产品年加工能力达到16万吨以上，其中肉鸡年加工能力为1亿只，生猪年加工能力达到500万头，占沈阳生猪市场的1/3。2015年CT县农村经济总收入为194.7亿元，比2014年的197.5亿元下降了1.4%，其中农业收入是97亿元，占农村经济总收入的50%左右；农民人均年收入13 571元，比2014年的12 826元增长了5.8%；农民外出劳务收入24.94亿元，较2014年的21.44亿元增长了16.3%。伴随着CT县农村产业结构的调整，大量农村劳动力流向二、三产业，农村劳动力的非农化趋势日趋显著，全县农村劳动力数量为363 318人，占农业人口总数805 313人的42.1%；从事家庭经营的数量为226 026人，占劳动力总数的62.2%；从事第一产业的数量为155 111人，占总劳动人口的42.7%；外出务工人员131 178人，占总劳动人口的36.1%。

CT县种植土地的人群结构按照年龄、性别划分大致为：40周岁以下劳动力人口为15 511人，其中男性3 102人、女性12 409人；40~50周岁劳动力人口为38 778人，其中男性9 695人、女性29 083人；50周岁以上劳动力人口为100 822人，其中男性40 329人、女性60 493人。

从TL市CT县总体情况来看，CT县的农业生产具有诸多自然优势和区位优势，也确实在历史上为东北地区的粮食生产及加工做出了很大贡献。然而，现在的CT县的农业生产却出现农产品结构单一、农产品营销渠道不畅、农民收入较低且增长缓慢等问题，而农业人口的大量流失也造成了从事农业生产的劳动力老龄化、女性化的问题，这些数字都反映出CT县的第一产业发展面临着困境。

6.2.2 诱致性变迁："十里村胡萝卜"

北京大学中国经济研究中心的林毅夫在《关于制度变迁的经济学理论：诱致性变迁与强制性变迁》一文中，将诱致性变迁和强制性变迁界定如下。

诱致性变迁指的是现行制度安排的变更或替代，或者是新制度安排的创造，它由个人或一群（个）人，在响应获利机会时自发倡导、组织和实行的变迁模式。与此相反，强制性变迁由政府命令和法律引入和实行。诱致性变迁必须由某种在原有制度安排下无法得到的获利机会引起。然而，强制性变迁可以纯粹因在不同选民集团之间对现有收入进行再分配而发生。虽然在自发的制度安排，尤其是正式的制度安排变迁中，往往也需要用政府的行动来促进变迁过程，但是区分这两种变迁模式还是非常有意义的。林毅夫认为一种制度安排是从一个可供挑选的制度安排集合中选出来的，其条件是，从生产和交易费用两方面考虑，它比这个制度安排集合中的其他制度安排更有效。

如前所述，特定制度安排的交易费用还取决于其他诸如法律、习惯、意识形态等制度安排；最有效的制度安排是一种函数，尤其是制度结构中其他制度安排的函数。要发生诱致性变迁必须要有某些来自制度不均衡的获利机会。也就是说，由于某种原因现行制度安排不再是这个制度安排选择集合中最有效的一个了。从某个起始均衡点开始，有四种原因能引起制度不均衡：①制度选择集合改变；②技术改变；③制度服务的需求改变；④其他制度安排改变。CT县平安堡镇十里村在从事农产品营销的过程中发生了营销品种和营销渠道的调整，是农产品营销渠道诱致性制度变迁的一个典型。

CT县平安堡镇十里村地处辽宁省TL市CT县最北部，与吉林省梨树县隔河相望，303国道和平齐铁路在村边穿过，距吉林省四平市25公里。现有土地12 100亩，11个村民组，680户人家，2 680村民。现在全村种大棚的面积达到8 000亩，其中种胡萝卜6 000亩，全部是高标准、钢筋骨架的大棚，一亩地一个大棚。年产胡萝卜8 000万斤，价格平均每斤1元左右，纯收入5 000多万元。经过实地走访调研，我们发现在调整农产品营销品种和渠道后，村民的收入有了极大的改善。按照村支书的描述来说："两万三万贫困户，四万五万刚起步，六万七万普遍户，十万八万超百户，·百八十万也有几户。"

十里村农产品的种植优势在于：第一，高标准骨架大棚，3.5米宽，4米高。在这个高标准骨架大棚里面种植胡萝卜，标准面积在全国最大。第二，产量最高，已经形成生产、销售、加工一条龙的胡萝卜集散地。第三，质量最好。十里村的胡萝卜特点是含糖量和β胡萝卜素非常高。其中β胡萝卜素含量为8～12，其他地区的一般含量是4左右。

该村产业发展优势在于：第一，该村所处的地理纬度在42度左右，适合种植胡萝卜。第二，该村耕种胡萝卜使用有机肥。第三，该村所使用的大棚是冷棚，温差大，晚上零上四五度，白天都是在二三十度，非常适合胡萝卜生长。现在十里村已经达到"旱能灌，涝能排，风能防，产能销，路能行"的产业发展能力。十里村现有60个冷库，能做到胡萝卜保鲜，实现了三季种植、四季上市。

该村营销农产品的发展方向是：第一，品种优化。十里村与沈阳农业大学合作，开发培养优良的胡萝卜品种，同时进行土壤检测，研发没有农药残留的有机肥等，并计划建造蔬菜实验基地，引进茄子、辣椒、土豆等新的品种。第二，观光农业。在大棚的边上都栽上果树，让人们来到这春天能看到花，夏天能有荫，秋天能有果，冬天能有景。目的是让消费者能看到可心蔬菜，摘到满意蔬菜，拿走安全蔬菜。第三，生态农业。十里村计划打造万亩蔬菜观光采摘园，陆续地把大棚安上摄像头上网，让全国的百姓只要打开“十里乡情”的网址就可以看到合作社生产蔬菜的全部过程，让消费者亲眼看到农户是怎么操作的，下没下化肥，打没打农药，怎么生产的。第四，拓展产业链，进行农产品深加工。礼品化，小包装，走向高档超市。

同样是寒风入骨的冬季，同样是在经济萧条的东北大地，同样是80%土地都耕种玉米，TL市CT县农村，怎么就冒出这样一个生机勃勃的胡萝卜生产、销售、加工基地？十里村农业种植结构转型的成功，生动地呈现了一个诱致性变迁的典范。根据林毅夫诱致性变迁的四个动因，我们来梳理十里村农产品种植结构转型的过程。

6.2.2.1 十里村制度选择集的改变

十里村制度选择集的改变有两个重点：首先，具备创新精神的制度设计者到来。2000年十里村从外村选派出一个新的村支书马春利。马书记出身贫苦，1983年考上高中，因贫困辍学，当了两年小队会计；1989年就在他自己村里当上了村民委员会主任。马春利在十里村进行渠道制度创新的动机十分简单：“到这个村了也得想办法让老百姓富起来，才能得到他们的认可啊，这也是我开展工作的动力。”其次，利用好CT县政府制定的蔬菜规划带政策。当年政府决定如果各个村建立蔬菜规划带，政府就给予打井、修道、通电等资金支持。

政府蔬菜规划带政策具有普遍性，为什么只有十里村真正形成了蔬菜生产销售基地呢？究其原因，制度选择集合的改变只是一种潜在的状态，而诱致性制度变迁的真实发生还要依赖于制度设计者的决策。从事后来看，十里村的制度变迁做对了三个选择：

其一，选择恰当的种植品类。十里村原来就有种胡萝卜的传统，村民大多是在房前屋后种植胡萝卜，除了满足自己的需要外，也到附近的村镇农贸市场去出售，种植胡萝卜十里村原本就有自然和技术上的比较优势。

其二，选择恰当的种植规模。从玉米产业转型为胡萝卜产业，小打小闹是不行的，需要一定的种植规模。村里规划了万亩蔬菜带，其中八千亩种植胡萝卜，习惯种玉米的村民认为用好地去种市场需求量有限的胡萝卜是胡闹。选择新制度需要马春利作为决策者承担相当程度的风险：“当时非常困难，宣传、鼓动、干部带头，我们就要求在蔬菜规划带道路两侧的各一百米的地方种胡萝卜，不许种苞米等其他作物。村干部得带头种，你要是还想干，就得种胡萝卜，否则就别干了，老百姓要是种大苞米，就给你毁掉。”与此同时决策者还要承担市场的风险：“胡萝卜种完了，你得卖出去啊，如果你这胡萝卜卖不了，老百姓挣不着钱，不得把这胡萝卜都送你村办公室去啊。”

其三，选择恰当的营销渠道。农产品营销渠道的变迁通常并不是有若干现成的渠道让营销者去选择，而是要进行渠道的开拓。以往玉米的营销渠道主要是国家收购，但在转型为胡萝卜生产后必须发展自己的渠道，换句话说，对于十里村而言，选择恰当的营销渠道就意味着渠道创新。这种创新是一个艰苦的过程：“我们当时给我们村做了一个牌坊，说我们这是胡萝卜生产基地。我们又做了一个大名片，写上全村种胡萝卜农户的电话。然后，我们每年让一个村出去5伙人。一伙5个人，都是村里各个方面能手、有办事能力的人。他们拿着这个名片到东北各大蔬菜批发市场，把我们的名片给批发商，然后把他们的电话号收集回来，一年能发出1 000多张。我们给报销火车费，伙食费，但不给打车费，公交车行，一天再给补20块钱工钱，他们到哪个蔬菜批发市场，必须用当地座机给我打个电话，证明你确实到那了，然后还得搜集回来电话号，光电话号搜集了有300多个。电话号搜集回来以后，我就把这些电话号编成通信录，发到村里每户家里，一家一张。这样，就可以让他们买菜的找到我们卖菜的，卖菜的也能找到买菜的。”

制度创新收获了十里村胡萝卜的渠道红利，截止到访谈时间，开拓渠道的25人都发展成了卖菜的大中小经纪人，大经纪人年收入100多万；中经纪人收入40万左右，小经纪人也有10多万元的收入。相应地，十里村胡萝卜不但打出了地方品牌，还成为了附近地区的胡萝卜销售集散地。十里村就是这样用最原始的推销手段，自然自发地打开了胡萝卜销售市场。然而，地方品牌的保护成为了十里村胡萝卜产业发展的隐忧："3年前沈阳的胡萝卜卖不出去，他们就拉到我们这来卖了。现在都成了胡萝卜的集散地了，内蒙古的都用大车往这拉，我们现在的胡萝卜没有卖不了的了，都得从外面进了。"可以说对于诱致性变迁所引发的搭便车效应，十里村胡萝卜合作社的经营者并没有引起足够的注意力。

6.2.2.2　技术的改变

经济学家索洛在20世纪70年代，就指出促进经济增长的主要因素是技术进步。在十里村种植结构调整过程中，其耕种胡萝卜的生产技术和生产方式的进步具有明显的诱致性变迁的特点。开始的时候，十里村用传统的办法在大地种植胡萝卜，来自全国各地的经纪人每年到十里村来收购胡萝卜，每斤0.4元。经纪人为十里村村民提供了信息建议——扣地膜，这样能提前一个月上市，价格提升到1元每斤。十里村村委会马上就组织人到沈阳去学习，扣地膜之后，经济效益有了明显的提高。后来又有经纪人提醒村民，如果弄小鼓棚，5月份就可以收获胡萝卜。改变种植技术同样是一个诱致性的渐进过程："县里和市里要求每村得有二百亩三百亩搞小鼓棚，我当时就没同意。一下整这么多不行啊，我得考察这适不适应，所以我就提出来要先小片再连片最后一大片。"

由村里的种植精英带头，最终形成一定规模的小鼓棚胡萝卜种植仍然存在不足——竹杢做的鼓棚不抗风雪。因此马春利决定在十里村推广四米高的钢筋骨架大棚，但是一个大棚要投资一万四千元，村民不同意，马书记就使用了善意的谎言："因为我比较有威信，上面领导也挺支持我，我说话他们都信。我对我二姐说，一个大棚上面给贷款一万二，老百姓个人拿两千，二年还齐，如果二年没还齐，要是老百姓没挣钱，政府本利都不要了。万一失败，那咱们把这卖铁都合适啊，按斤卖铁还能卖一万块钱呢，那是十二三年前，一万块钱那还了得，那不是万元户吗?”

在“忽悠”村民一起投资生产设备的过程中，马春利还采用了更精彩的手段：“我跟我二姐说，这事你们千万别说出去，全村一共才三百个任务，都想干咱整得起了吗？你不让她说，她还有那些个小叔子大姑子呢，她能不说吗？结果全村就传出来了，说整大棚白整不要钱，一共用了五六天时间，三百个大棚全都抢完了。”此后十里村集体开始签合同办贷款进行大棚改造，贷款360多万元耗时100天。并且同时联系当地县农委教授砌苗、病虫防治、技术维持等技术。当年实现盈利，第二年就收回了成本。

与上文提到的搭便车效应相同，技术的诱致性变迁也难免遇到此类困难。如果诱致性制度变迁的受益者不承担制度创新的风险，那么有效制度的供给一定面临困难。十里村两年后在还农信社的360万元贷款时，虽然村民都挣到了钱，但仍然有两户村民赖账。马春利说：“我就找到县委书记说这两个小子必须收拾他，就找到法院给他们起诉了。起诉以后就把苞米扣押了，这两家人一看苞米被扣了，就呼呼地跟人家打起来了，你给人家打了那不得拘留吗？拘留十五天。但是头一天拘留，第二天我就去了给把人要回来了。要回来之后那两个小子连哭再嚎地说怎么怎么好的，完了就把钱全都还上了。从那天开始，老百姓到现在累计贷款得有四五千万，只要是我们平安堡十里村贷款，村干部写个名就给贷，信誉非常好。”如何解决搭便车问题是很多制度创新者的烦恼，在这里，马春利运用的是法律与人情结合的手段，为接下来进一步的技术变迁打下了良好的基础：“现在我们十里村一分钱贷款都不用了，我们自己有钱了。我们今年还打算再新建200个钢筋骨架棚，现在我们村里老的竹竿子那种的一点都没有了。我想等哪天我们弄个展厅，把我们这的发展历程都给它展上，竹竿子被风刮倒了的，照片我都留着呢，当时我就有这种想法，就留了照片。这几年我们通过招商引资，我们又引进了一个胡萝卜深加工的厂子，加工胡萝卜饮料。”

十里村种植胡萝卜生产方式和技术的进步具有摸着石头过河的特点。其信息来源于市场，而马春利书记起到了承担风险、创新的企业家作用，善意的谎言和整治老赖的小计谋也具有农民式的狡黠。它可以低成本、接地气地克服制度变迁中的障碍。目前，十里村正在和大学合作搞优质肥料和种子的培育，在大棚里安装摄像头、搞直播也是具有时代特点的技术进步。

6.2.2.3　相对价格的改变

诺斯在《经济史中的结构与变迁》中谈到有四种原因可以导致相对价格的改变。第一，产权的改变，即否认了个人对其过去一直拥有的资源的权利，而这些权利已被人们作为习惯或公正予以承认（例如，公共土地的圈定）；第二，在要素市场或产品市场上，交换的条件偏离了已为人们认为是公平交换的比率；第三，在劳动力中，一个特殊的集团的相对收入状况发生了偏离；第四，信息成本降低的结果是，人们相信不同的或更优惠的交换条件可能在别处占优势。

2006年以来，由于国家取消了农业税，农村基层组织的运转受到了一定的财务制约。CT县平安堡镇十里村也面临着村民收入增加，但集体收入降低的问题——农村公共设施的建设没有资金来源，救济贫困村民没有经费的保证，基层组织建设缺乏支持。十里村村委会决定以集体出资为主，成立十里乡情绿色合作社以解决这个问题。可以说，十里村的产业创新、营销渠道创新已经与当地的公益制度创新、社会保障制度创新结合在了一起。另外，诱致性变迁所建立起来的非正式制度（或地方制度）有时会与正式制度存在摩擦，如何处理这种摩擦则成为了新一轮的难题。

十里村的合作社成立之初是由集体出资，但当地工商部门不予注册，因为按照专业合作社法，村集体不允许成立合作社。因此十里村村集体为了突破这一障碍选择采取了一些变通手段：“找了5户农民，签了协议，说这5户农民干的合作社。我们这个合作社是集体投资了150万，农民投入了130亩地，农民投资50万，总投资200万。”这样一个事实上由村集体兴办的合作社开始承担了当地的公共服务供给功能，并发挥一定的社会保障功能。该合作社兴建100个大棚，每年收益保守100万元人民币，其中村集体投资60%。提留20万元给合作社再生产做积累，另外20万元是入社村民的分红。剩下的60万元盈利发展集体经济，包括党支部的经费、村里基础设施的投入、丧失劳动能力村民的养老金等。另外，村集体合作社也能提供给当地村民一些就业机会，例如，瓦工木工的工作岗位，以及由村集体来承包外出打工村民的土地：“所以，集体有干公益事业的钱，丧失劳动能力的有养老钱，有劳动能力的有零花钱，有一技之长的能没有后顾之忧地去挣钱。这就是我们成立的这个合作社的目的。”

这个集体性质的合作社有很多创新的亮点，具备一定程度的公司管理色彩：

第一，分红制度创新。具体来说包括：（1）保本创新。老百姓出资土地入股的，有保本分红，这个“本”是指村民若用这块土地种植玉米可能得到的收入。（2）投资分红。村民投了50万可以根据利润分红。（3）劳动分红。就是村民在合作社劳动不但有工资可挣，年末还可以根据效益参与分红。

第二，干部管理制度创新。合作社内的干部管理分工明确，采取效率工资即“基本工资+干股”。虽然给干股，但干股的价值是随着合作社收益而变动的，因此能够对干部的工作热情形成有效的激励。

第三，劳动管理制度创新。合作社内组织农业生产的方式按照马春利的话来说是“保甲连坐”，即5人为一组，组长负责全组人的农业生产管理，组内有一人偷懒全组的效益工资都受影响。因此组内成员相互激励，相互监督。

第四，监督制度创新。合作社内入股人员轮流担任监督员，每人管一天合作社的钱、物、事。监督人员不领额外薪酬，做到全社民主管理。此外入股人员加入微信群，无论大小事都在微信群内公开，不允许说与合作社无关事情。因此，这样的监督机制让社员相当满意。

十里村的村民就是用这4个非常朴素的制度创新解决了集体产权中，令经济学家困惑的偷懒和搭便车问题，其监督和激励机制的设计也非常接地气。这种从黑土地里演化出来的智慧是游离在环境之外的经济学家及政府官员无论如何也设计不出来的。此外，在中国改革开放不断深入的今天，各种制度的变迁屡见不鲜。例如，土地的确权，将土地的所有权、承包权、经营权分离。这会导致土地流转速度的加快。十里村胡萝卜生产销售有可能引入城市资本的进入，其规模化、现代化程度会进一步提高，农村公共设施的改善，及农村社会保障体系的建立和完善也会导致流入城市的农民出现回流的现象。

6.2.3 强制性变迁："傅家镇甜地瓜"

在CT县傅家镇我们看到了另一个农产品结构调整强制性变迁的案例。傅家镇地理位置优越，交通便利，通信快捷。平齐铁路、303国道贯穿全境。距四平市、沈哈高速公路50公里。镇村公路与国级、县级公路连接成网，交通运输十分方便。镇内4平方公里范围内临近国道303线，有丰富的水、电资源及大量的农村剩余劳动力。镇政府驻傅家屯，人口3.42万人，面积197平方千米，辖18个村委会。和CT县平安堡镇十里村的胡萝卜一样，傅家地瓜也是远近闻名的传统优良种植品种。因此，傅家镇政府在思考种植结构调整的时候自然选择了让耕种玉米的农户改种地瓜。但几年下来，效果并不理想，其原因如下。

第一，地瓜的生产和流通仍然是传统的小农经济，组织性不强。一位从事地瓜流通的当地商户说到："村子里没有大规模的流转，就是村子里小部分的流转，都是从私人手里包的。我是收地瓜的，属于小商小贩那种，收完就往四平啊，长春那边送。我家也种，然后我自己再拉出去卖。"地瓜的合作社基本没有，土地流转基本空白，也没有种地瓜的专业大户，销售也都是小商小贩。生产流通的组织性和规模性薄弱。

第二，没有发挥品牌效应，无法实现分离均衡。傅家地瓜质量好，味道好，通过传统的口口相传得到了当地人的认可。没有认证，没有品牌保护。种植户谈道："你往别处看，四平、铜牛岭、长春，到处都是傅家地瓜，别的地方的也是傅家地瓜。它就打着咱们的旗号。"然而，虽然很多地区生产的地瓜打着傅家地瓜的品牌，傅家本地生产的地瓜反而在营销渠道中竞争不过，究其原因在于："形状跟人家的比，不如人家的好看，咱也卖不过人家。"事实上，傅家地瓜口味好的原因是生产过程中坚持使用有机肥料，这使得地瓜的产量下降并且卖相参差不齐。在市场上，当地生产的地瓜要与价格低廉的、使用化肥的地瓜竞争，同时缺乏品牌保护，其结果可想而知。生产有机无公害的产品是我国农产品的发展方向。但是优质产品的信号如果无法有效地传递出去，做不到优质优价，那么逆向选择的结果是生产优质产品的生产者受到了伤害。

第三，无法满足市场对产品多维度的需求。傅家地瓜都是传统的品种，村民一再提到当地沙土地、无化肥的地瓜虽然好吃，但是卖相不行，而新品种地瓜虽然圆润饱满，口味却不甜。然而，由于消费者需求是多维的，地瓜不但要好吃，还要好看，好包装，好服务。仅有一个好吃或好看的维度在市场竞争中无法获得优势。此外，由于村民没有给地瓜分等级，没有包装，也降低了傅家地瓜的附加值。"收地瓜的人直接上地里去，好的和赖的，他们都一块收。所以，你去卖，人家都知道，你上面装的好，下面的不一定好，所以就给你这个价了……现在就是咱们分不了级，好赖都得让人家装着。"

第四，技术水平低下，生产成本高。由于缺乏技术进步，种植地瓜的成本非常高。当地地瓜的种植还停留在较为原始的阶段，缺乏农机应用的同时人工的成本又较高。需要人工栽苗、人工灌溉、用机械挖坑。每亩地约7 000株，收割（起地瓜）的时候非常麻烦，光收割每亩地成本需1 000元。并且在收割过程中需要非常小心以保护地瓜的卖相，人工装箱之前还需要在田地里晾晒以防止腐烂。

第五，没有开拓营销渠道。在调研期间我们强烈地感觉到农户和镇政府官员对市场的渴望。没有专业的销售组织，没有电子商务，没有注册商标和认证，没有深加工的公司，转型种地瓜的农户除了付出比种玉米更辛劳的汗水外只有守着地瓜发愁。与上文十里村胡萝卜产业的案例对比来看，农产品转型的关键是销路，如果没有恰当的营销渠道，产业转型便无利可图，最终没办法促进农产品的营销渠道变迁。而傅家镇地瓜产业在渠道建设和渠道创新方面办法寥寥，也不存在有组织、利益相关的制度创新者带领渠道变革。

林毅夫认为，制度不均衡会产生新的获利机会，为了得到由获利机会带来的利益，新的制度安排将会被创造出来。但是，由于转换成本较高，建立一个新的制度安排是一个消费时间和资源的过程；又因为制度安排具有公共品的性质，搭便车的结果会使诱致性变迁引导的制度安排低于社会最优水平。因此，政府干预可以弥补制度供给的不足和变迁过程缓慢的缺陷。理论上，强制性变迁在农产品生产模式的转变中可以起到重要的作用。然而，本研究认为营销渠道的内外要素改变使得渠道存在变迁的动力，但具体的变迁路径如果完全由政府主导而脱离了微观市场的介入，就会发生傅家镇在转型过程中所出现的微观变迁动力不足问题。

实际上，玉米临储政策的调整对于十里村与傅家镇的宏观制度变迁激励完全相同，两个地区都面临着收入大幅下降的挑战。二者的区别之处，从宏观来看，可以说是诱致性变迁与强制性变迁的协同配合程度不一样；从微观来看，归根到底就是一个“激励”的问题，由当地政府来设计微观营销渠道的变迁路径，无疑是外行领导内行。而懂营销、懂市场的企业家如果不能解决制度变迁中“搭便车”的问题，则同样没有创新动力。事实上，诱致性与强制性变迁的良性模式应当是农业生产者进行制度创新、拓展营销渠道、承担市场风险、面对市场竞争；而当地政府则要解决诱致性变迁的有效制度供给不足问题，例如保护当地品牌防止搭便车。遗憾的是，傅家镇产业转型过程中二者的角色完全颠倒过来了——当地镇政府作为强制性变迁的制度设计者跑去确定种植品类，开拓市场；而本应当面对市场、开拓营销渠道的农产品生产者则在担忧当地品牌的保护。

傅家地瓜转型的不成功除上述微观层面的问题外，从公共选择的角度来看还有如下原因；首先，推行强制性变迁的政府官员有其特殊偏好。改革开放以来，发展经济是各级政府的中心任务。官员的工作业绩及升迁机会和经济指标关系密切，从这个角度农民利益和官员的利益具有一定的相容性。但是在诸多复杂交错的社会经济发展指标中，政府官员更偏好信号明显、业绩显著的指标，如特色农业、一村一品、物流园、生产基地等。更好地落实上级下达的任务也是基层官员的重要任务，因此，在农业生产的布局问题上，基层官员在进行决策时除了显著的业绩要求以外，还有上级命令的因素在内，加之基层官员流动性较大，更加激励短期行为，从而影响了当地产业发展的长远利益。

其次，政府与官员存在委托代理风险。在诺斯的制度变迁理论当中，将国家理论列在重要的位置。因为国家有能力决定使用什么样的制度，追求统治者租金最大化的国家是否有激励、有能力去设计由诱致性变迁所不能提供的、有效的制度安排。即使国家有这样的能力和激励，具体工作要委托政府官员去操作，这里有非常复杂的委托代理关系。从中央政府到乡镇政府官员这一级别，委托代理链条已经非常之长了，若没有很好的监督机制，委托代理风险必然产生，即代理人偏离委托人的要求，单纯追求自身利益最大化。其中一个主要的表现是寻租和设租行为。在农产品种植和流通结构调整过程中，各级政府均推出许多优惠政策，即资金的补贴，基层政府官员一方面要向上一级政府争取项目和基金，另一方面他们也容易对农民设租。

再次，政府官员强制性变迁的成本收益不对称。农产品种植结构的调整充满了不确定性。没有市场的开拓，没有品牌的建设，没有技术、制度和设施的配套，盲目的转型失败的代价最终落到了农民的头上。地方政府官员在推行强制性变迁的过程中，其变迁的收益成本并不对称。变迁成功，制度安排有效，体现了官员的业绩；而变迁没有达到预期效果时，往往很难事后问责。

最后，有限理性及信息的不完全。除了非利益攸关、不承担转型失败的风险外，政府官员在信息上并没有优势。影响制度变迁的信息往往是只有身临其境才能获取的“地方性知识”。例如，关于十里村胡萝卜市场和生产方式的信息，都是走南闯北的胡萝卜经纪人提供的。对于此类信息，政府不如市场敏感，官员不如企业家敏锐。由政府官员想当然地制定变迁方向，难免出现偏差。傅家地瓜的例子便证明了这点。

综上，CT县的农产品种植结构转型的案例，给我们如下启发：第一，由于国家玉米临储政策的调整，东北农村的农产品种植结构转型势在必行。第二，自然自发地利用市场知识进行的诱致性变迁较政府推动的强制性变迁成功的可能性更大。第三，农村的能人能够起到替代企业家完成创新和承担风险的作用。他们打政策的擦边球往往是克服制度障碍的创新行为，不宜轻易否定。第四，农产品种植结构的调整必须以市场为导向，没有品牌的保护，过早的转型及倡导无公害产品的生产也是对农民利益的侵害。

6.3 农产品营销渠道变迁的趋势

遵循拓展的“政治-经济”分析框架，本研究从政治要素、经济要素及技术进步三个角度分析农产品营销渠道变迁的趋势。

6.3.1 政治要素驱动下农产品营销渠道的变迁趋势

前文已论述到，农产品营销渠道的变迁受到内部和外部政治要素所驱动。内-外部政治要素这一维度其实质在于通过权力关系来审视渠道的变迁。其区别在于外部政治要素是营销渠道之外的权力运作，而内部政治要素则是渠道内部的权力运作。具体到我国的农产品营销渠道来说，渠道外部最为重要权力主体无疑是政府，政府与营销渠道发生权力关系的媒介则是公共政策。政府的公共政策涉及的范围非常广泛，与农产品营销渠道存在的联系也是千丝万缕，这种联系很难在一个研究题目中彻底分析清楚。因此，本研究关于外部政治要素驱动力的分析主要聚焦于与农产品营销渠道的行为、主体、场所直接相关的公共政策（或制度）。与此同时，内部政治要素对变迁的驱动力则来自农产品营销渠道内部权力的变化。渠道的拓宽、延长、冲突、萎缩、变更等情形实际是渠道内部权力变迁的外在表现。进一步地，渠道权力来自渠道内部主体间的依赖（张闯和夏春玉，2005），渠道权力理论认为渠道成员间的依赖是市场竞争力（例如技术、产品、服务、市场等方面的垄断力）的不均衡和互补性所造成的，但本研究在此基础上进行了拓展，认为农产品营销渠道中的依赖还存在一个重要的来源——公共政策所造成的市场竞争力（垄断力），这种权力-依赖关系的来源在强调政府调控的经济体中表现的尤为明显。事实上，政治嵌入型的农产品营销渠道在东亚（董佳佳和王利艳，2018；杨团，2018）非常常见。值得注意的是，外部公共政策影响渠道内部的权力-依赖关系，甚至成为某些权力-依赖关系的来源，这一论述能够将内部和外部的政治要素联系起来，弥补了传统营销渠道的“政治-经济”分析框架对内外政治要素关系的缺失。接下来要讨论的问题是：内-外部政治要素是如何驱动着我国农产品营销渠道的变迁，其变迁趋势又是怎样的。

政治要素驱动农产品营销渠道变迁的基本机理是：外部政治要素（政府公共政策）寻求在实现政策目标的前提下尽可能地降低政策成本，继而寻求能够满足这一需求的农产品营销主体加以扶持和引导，从而改变渠道权力结构，最终引发渠道变迁。第一，外部政治要素作为农产品营销渠道之外的权力运作主体，主要关注农业产品从生产到消费的全过程。这一过程关系到社会的稳定和居民的日常生活，绝不仅仅是一个经济行为。因此，涉及农产品营销渠道的政府公共政策目标除了增加农产品市场的活力和有序之外，还要保证农产品供应、稳定农产品价格、确保食品安全、维持农产品进出口平衡，保证国家粮食安全。经济、社会、政治方面存在着多重目标。第二，外部政治要素需要降低政策成本。在保证实现政策目标的前提下，政府有着降低政策成本的动力。政策成本包括有形的政府行政支出，也包括无形的决策机会成本、官僚体制下的制度效率损失、寻租行为带来的租值耗散等等。除了在行政过程中引入企业管理的一些成本控制手段外，政府需要将一些行政职能“外包”给市场和社会，换句话说就是需要某种政策“抓手”。第三，在管理农产品营销渠道的过程中，政府为降低政策成本而寻找的“抓手”即为某种类型的农产品营销渠道主体，通过公共政策为这个主体进行“赋能”，扶持和引导这样的主体以达到更有效率地统筹整个农产品营销渠道。第四，政府管理农产品营销渠道的“抓手”获得了外部政治要素赋予的市场竞争（垄断）力，因而提高了渠道权力，成为某一阶段的渠道管理者，以其为核心的渠道也成为了主渠道。第五，随着公共政策目标的变迁，以及政府为了降低政策成本而寻找的“抓手”的改变，中国的农产品营销渠道也相应地发生了变迁。

因此，根据内-外部政治要素驱动农产品营销渠道变迁的机理，我们可以预测：随着宏观农业政策目标发生改变，中国农产品营销渠道也会加以适应；随着政府寻求降低政策成本，达到“有效治理”的改革深入，更有效率、更少政府干预的农产品营销渠道会成为主渠道。具体来说，我国的农产品营销渠道产业将会朝着“规模化”方向发展——大型农业生产龙头企业、大型农产品电商平台、大型农产品零售终端在配置资源的过程中减少了政府在农产品生产领域（如土地规模化经营、农业基础设施投资）、农产品销售领域（如农贸市场的建设和规范、公共信息发布、产销对接）方面的支出，同时在资源配置方面更为市场化而减少了寻租行为带来的效率损失，并且政府在对农产品营销渠道进行调控时，以少数大型渠道主体（而非众多的小型主体）为政策抓手也会更加便利而高效。

6.3.2 经济要素驱动下农产品营销渠道的变迁趋势

影响农产品营销渠道变迁的经济要素分外部经济要素与内部经济要素。本研究在变迁趋势的分析中受威廉姆森的启发，着重于资产的专用性程度及农产品生产流通批量这两个因素。威廉姆森在研究结构与规制匹配时考虑了如下三个因素：交易频率、资产的专用性程度及不确定性的大小。他首先考虑交易频率与资产专用性这两个维度，认为只要资产专用性程度较低，无论交易频率高低，都应该使用市场机制让“看不见的手”来配置资源。若交易频率较高，资产的专用性程度也较高，则纵向一体化，即用科层式的纵向管理的企业模式具有优势。介于两者之间的非市场和非企业的状态时，用双边治理及第三方治理的模式更为合适。

考虑资产专用性及交易频率之后，威廉姆森又将不确定性因素融入分析之中。当不确定性较大时，非市场非企业的中间规制模式需要调整。或者降低资产的专用性程度向市场规制变迁，或者提高资产专用性向纵向一体化变迁。与威廉姆森的分析不同，本研究将资产专用性及生产流通批量作为分析农产品营销渠道变迁的两个维度。因为在实际调研中，本研究发现生产流通批量和交易频率对我国农产品营销渠道变迁的作用更为明显。从外部经济的视角决定了农产品营销渠道的市场结构，专用性资产投资越多，营销渠道主体的权力越大，渠道的规模化程度也越高，而生产流通批量也是渠道规模经济的重要影响因素。从内部经济的视角分析，资产专用性程度决定了交易费用的高低，生产流通批量直接影响着农产品流通的成本。如图 6-2 所示，根据资产专用性及生产流通批量的大小可以将农产品营销渠道划分为四种类型：

图 6-2　农产品营销渠道四种规制模式

由于我国地域广阔，我国农产品营销渠道的发展不平衡不充分，这四种模式将长期共存，农产品营销渠道将出现多元化发展的趋势。但是，随着市场的竞争及政府为了实现农产品营销渠道的产业化、规模化、现代化的目标采取一系列强化渠道权力及交易成本的公共政策，我国农产品营销渠道一体化联盟化的趋势势不可挡。我国农产品营销渠道从宏观层面上将由改革开放前的统购统销，近乎于完全垄断的市场结构，改革开放后相当一段时间内近乎于完全竞争的市场结构，这两个极端逐步向垄断竞争及寡头垄断的趋势变迁，这是政治、经济、技术及消费者行为等诸多因素共同作用的结果，如图6-3所示。

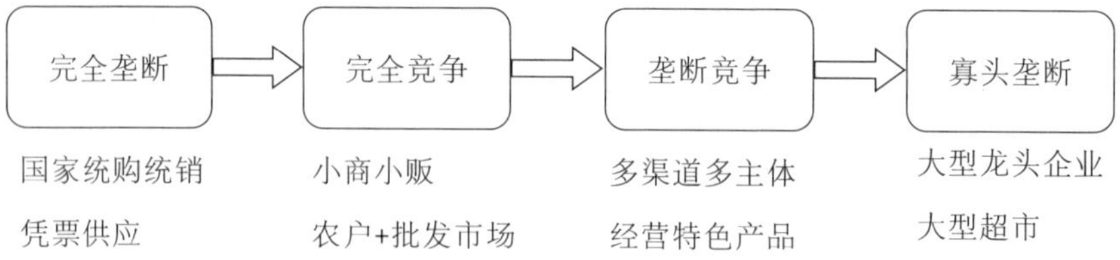

图 6-3　农产品营销渠道变迁的趋势

6.3.3　技术进步驱动下农产品营销渠道的变迁趋势

根据前文机理部分拓展的速水-拉坦模型，消费者需求的改变会导致农产品营销渠道中技术要素投入发生转变，进而导致整个渠道发生变迁。从这个模型中我们可以概括出两种情况：一种情况是，消费者的需求要素可以被描述为等效用曲线，当农产品的质量需求相对价格降低——比起农产品的数量，消费者更青睐于农产品的质量时，农产品营销渠道中便存在加大农产品生产环节技术投入的激励。另一种情况是，农产品的服务需求相对价格降低——比起农产品的数量，消费者更关注农产品销售过程中的服务时，农产品营销渠道中存在加大农产品运销环节技术投入的激励。这显然是因为农产品的产品质量与生产环节技术投入正相关，而营销农产品过程中的服务质量则与运销环节技术投入正相关。

那么，营销渠道的变迁与渠道中技术投入行为如何发生联系呢？本研究认为技术要素意味着投入专用性资产，而由于资产专用性而引发的套牢问题会导致营销渠道发生变迁。我们知道，无论是生产环节还是运销环节，加大技术投入通常意味着增加设备、提高劳动力技能以获得更高的效率。农产品生产环节的技术投入往往包括特定的培育设备、特定的培育流程、特定的劳动力技能。当生产者转种其他品类时，这些资本投入便会部分沉没，因此加大生产环节技术投入意味着农产品生产者投入了专用性资产，容易引发下游运销成员的敲竹杠行为。此外，农产品运销环节的技术投入则意味着特定的运输工具、特定的包装材料，以及关键的市场信息，这些同样是营销渠道中运输/批发/零售商的专用性资产，也可能遭受到上游生产者的敲竹杠行为，例如生产商一旦在交易中发生违约行为，运销商的市场声誉、运输设备的购买和维护等成本都会沉没。

为了规避这种套牢现象，进行技术投入的农产品生产商和农产品运销商都存在着向后/向前一体化的冲动。伴随着消费者需求的改变，营销渠道中在生产和销售环节加大技术投入的动力不断增强，随之而来的也是资产的专用性不断增强。因此我们可以看出，在这种技术-需求驱动力下，农产品营销渠道的变迁主要围绕着降低交易成本的主线进行。农产品生产和运销过程中受到气候、地区、市场行情波动的影响，营销渠道中的交易所面临的不确定性比较大，同时目前我国农产品生产和价格的公共信息发布并不理想，因此我国的农产品营销渠道中为降低交易成本而进行的一体化冲动将长期存在，这就为预测营销渠道的变迁方向提供了一个基础。

具体来说，一种情况是现代化的农业生产领域中技术投入带来专用性资产投入会不断加大，此时根据不完全契约理论（GHM模型），投入物质资本的农产品生产商掌握合约的剩余控制权是更有效率的形式，因此我国农产品的营销渠道会向着以农产品生产企业为龙头的类型发展，更多的工商资本进入农业领域，以其技术、资金和管理优势获得更大的渠道权力进而成为整个渠道的管理者；另一种情况是现代化的物流技术和线上线下整合的零售模式也需要相当程度的专用性资产投入，这种情况下物质资本（以及客户资源）的所有者变成了零售商，而合约中的剩余控制权则转移到了零售终端企业手中，因此农产品营销渠道又可能向着以农产品零售企业为龙头的类型发展，连锁菜店、大型线上零售平台等渠道成员获得更大的渠道权力，掌控着整个营销渠道。

根据技术-需求维度的变迁机理，本研究认为我国农产品营销渠道会朝着“两极化”的方向发展，以大型农业龙头企业为核心的营销渠道和以大型农产品零售终端为核心的营销渠道会成为未来的主渠道。换而言之，在农产品营销渠道中，大型生产企业会整合生产端，而大型零售企业会整合零售端，二者分别发展出更为高效的营销渠道。事实上，观察当前我国的农产品营销渠道实践，已经可以发现这种趋势的端倪——蓬勃发展的农产品电子商务催生了一批线上零售终端的崛起，如天猫生鲜店。而社区连锁菜店以其标准化、可追溯的平价农产品供应成为线下实体零售终端的新锐，并越来越成为更多家庭的选择。同时随着国家大力增加农业领域的资本投入，我国也会诞生出类似亨氏集团这样的大型农产品生产商。相应地，农产品营销渠道变迁的两极化趋势同时意味着：长期以来在农产品营销渠道中作为核心的农产品批发市场将会衰落。未来大型农产品生产龙头企业不断与零售终端进行对接，并增加自身的零售直营店数量；而大型零售终端凭借着市场优势也会压榨小型供货商的利润空间，或者直接建立自身的农产品生产基地，相应地作为纯粹中间环节的农产品批发市场将不再是生产和零售两端寻求合作的最佳选择。

7
完善农产品营销渠道的政策建议

根据拓展的“政治-经济”分析框架，本研究认为农产品营销渠道的变迁是多种因素协同的效应。因此，本研究从多个角度给出政策建议。具体来说，本研究建议当前我国对于农产品营销渠道的完善首先应以市场为基础发展农产品营销渠道；其次应以政府为支撑完善农产品营销渠道；再次，还应该以技术为核心优化农产品营销渠道；最后，本研究认为应以消费者的需求为导向创新农产品营销渠道。

7.1 以市场为基础发展农产品营销渠道

7.1.1 重视市场机制与建立公平竞争市场环境

推动我国农业现代化的过程中，政府扶植和培育涉农公司、涉农创业者的过程应当重视市场机制，尽量创造公平有序的农产品营销竞争环境。这一方面意味着要通过市场机制来优化配置生产要素，另一方面也要尽量防止人为地通过各种歧视性政策来干扰资源的最优配置。事实上，我国农产品的生产与流通领域中长期以来存在着一种现象，就是在农业领域中经营主体想要取得竞争优势，往往要通过政府的各项补贴来降低成本。例如前几年东北广大地区农民普遍耕种玉米的原因，就是在国家玉米临储政策下能够保证销路和价格，其后果是产生了玉米高产量、高库存、高进口的畸形状态。当2016年玉米临储政策的调整后，玉米的价格暴跌，种植玉米的农户收入下降，不得不重新选择有竞争力的新作物品种。又如在各地农机补贴的标准不一，使得补贴水平低的地区进行农业生产机械化的进程放缓。而这种现象的结果是形成了歧视性的竞争环境，地区与地区之间产生了壁垒，生产要素达不到最优配置，可以说相当一部分农业生产流通者并不是在耕种土地，而是在“耕种政府”。如果说耕种土地是生产性寻利行为的话，“耕种政府”的行为则是非生产性的寻利，结果会造成资源的浪费。除了歧视性的农业补贴造成的效率损失外，歧视性的资本进入障碍也是问题。例如，对于城市工商资本下乡的歧视性政策，虽然近年来有相当程度的改观，但总体上仍然是警惕的。须知工商资本进入农村，能够极大地提升农业领域的资本存量和流量，为农业产业转型升级带来巨大的内生与外在动力。因此，本研究认为接下来地方政府应当针对歧视性的农业补贴和资本进入政策进行调整。

时刻保持以创业者为中心、以市场机制为中心的原则。以创业者为中心，是指政策制定和财政帮扶应当用到创业者最关心的金融、物流、培训乃至返乡后的社会保障等工作；以市场机制为中心，是指处理好政府与市场的关系，即公司与创业者的经营和发育必须让市场机制起到主导作用，引导和鼓励能够把握市场机会，拥有新技术和良好的商业模式的公司和创业者，通过创造有效需求的方式来参与竞争，而不是纵容通过吃补贴、骗优惠等“耕种政府”方式来维持生存的公司和创业者。

7.1.2 完善融资环境与培育涉农公司快速发展

由于差别性的补贴政策容易引发寻租行为。因此，建议各级政府扩大普遍性的减免农业组织税收的范围。例如，减免为农业合作组织提供服务获得收入的所得税，再如，对向农业组织收购农产品的公司减免增值税，或者为农业合作组织运送农产品的车辆提供“绿色通道”免征过路费。政府的财政支持除继续拨付专项基金扶持能够带动村民脱贫的项目，扶持能够推动农产品营销专业化、规模化、现代化的项目之外，还应该在市场信息，品牌打造，市场开拓等方面给予支持。在金融方面，除发挥农发行、商业银行、农村信用社等正规融资渠道外，还应该建立农用资产评估抵押，农业贷款保险等配套的金融平台，推进各种形式的抵押贷款，鼓励农业合作组织建立互助基金会，或由政府出面推动金融机构与农业合作组织“银社对接”，通过多元渠道来扩大农业合作组织的资金来源。

7.2 以政策为支撑完善农产品营销渠道

7.2.1 规范农贸市场与建设农产品交易平台

农贸市场以其方便灵活的特点，在我国农村地区以及城市郊区长期以来发挥着重要的流通枢纽作用，也可以说是农产品营销中市场规制交易发生最多的地点。在当今我国城乡二元经济结构的现实下，农贸市场还很难被其他交易平台所完全取代。然而，市场规制下的农贸市场已经越来越难以满足人们对于农产品消费的健康、卫生要求。在我国很多农贸市场中，部分区域存在地面清洁不及时，腐烂变质的蔬菜常常堆积在场地中，尤其在活禽宰杀、水产品等经营的场地中卫生管理需进一步加强。此外，农贸市场中的小商贩和农民提篮经营、自负盈亏，这种分散经营的情况下农产品的质量很难得到保障，而市场进行统一管理的难度也不小，偷税漏税和缺斤少两的情况时常发生。总体而言，在在经营管理和卫生条件方面，与其他交易平台相比农贸市场的差距很大，而这正是政府应当对其进行规范和改造之处。公共部门在改造农贸市场过程中，应当重视以下工作：其一，有重点地逐步选择有一定基础的、需求迫切的农贸市场，通过试点方式推广，争取改造一个成功一个，在试点过程中完善经营机制，并吸取经验以点带面，同时避免盲目推进、一哄而上式的改造。其二，农贸市场的建设和改造应当通盘考虑，在尊重现实的基础上可以适当超前。具体来说就是现有农贸市场的存在在方便市民生活、解决就业方面有着一定的功能，其布局通常已经比较合理，不提倡在现有农贸市场附近再新建功能同化的新市场，以避免资源浪费和过度竞争。同时在新建社区附近作好规划，考虑到社区的发展成熟可能带来的农产品需求提升，适当规划具有前瞻性的农产品交易市场。

7.2.2 完善法律制度与保护涉农公司的权益

虽然，2006年全国人民代表大会通过了《中华人民共和国农业专业合作社法》，农业专业合作社从此就有法可依了。但经过近10年的合作社发展实践，该法律还有很多地方需要进一步完善，如农业专业合作社的主体必须是农户就值得探讨。随着农村集体产权明晰，是否可以以集体的名义作为合作社的主体以解决农村基层组织的政权维护、公共事务所需要的资金。农业合作组织主体的多元化是必然的趋势，但以集体的名义入社目前需要法律依据。此外，农业合作社的民主管理及非盈利性质在实践中往往得不到保证。“精英俘获”“能人控制”等问题依然很普遍。政府对农业合作社应该实施监督职能，承担农业合作社建设的指导、监督、协调和服务等工作，对不按合作社法和章程履行职能的合作社给予警告，对骗取财政补贴的空壳社给予查办，定期检查农业合作社的财务账目，监督盈余分配情况以保护普通社员的利益不受侵犯。

同时，我们还需要深入农村土地确权及流转工作，加强农业产业集中度。在农产品营销过程的市场规制中，农民成为原子化的交易个体，很重要的一个原因在于土地规模受限，无法实现土地的集约使用，专用性资产的投资也受到了限制。我国改革开放初期的以家庭联产承包责任制为依托的小农经济，在生产流通规模与专用性资产投入不足的情况下，已经无法适应发展现代农业的客观要求。因此当前我国政府进行的农村土地确权工作，以及土地经营权流转工作便成为了土地集约化使用的前提。农村土地产权的明晰是进行土地流转的前提条件，而适当的土地流转有助于培育组织化程度高的生产主体。在推进土地流转工作，发展现代农业的过程中，政府应当从制度层面上，尤其是产权改革入手，对农村现有土地进行确权办证、还权赋能工作，进而有序地引导监管农村的土地流转工作。在土地流转过程中，无论是在农户内部流转还是在农户与公司间流转，抑或采用合作社的形式流转，政府无疑都要扮演着重要的角色，成为流转过程中的管理者和监督者，因此应重视以下工作：其一是设置防止流转过程中侵害农民利益的制度安排。包括土地流转的合约签订必须保证承包农民参与，地租的收益权必须保证由农民获取，土地的用途不得转为非农用途，土地的流转期内不得破坏土地的耕作层。其二是提高农民在土地流转过程中的主导地位，即在流转过程中农民的知情权、参与权和决策权必须得到充分保障，因地制宜地设计一套民主化的土地流转操作程序。其三是规范政府行为，建立流转过程中的监督机制。没有政府的参与，土地流转工作很难有序开展，但同时要规范政府的行为，避免政府削弱甚至替代农户的主体地位，进而侵犯农民利益。因此，应当明确政府的角色，规范土地流转的收益，建立起农村土地流转过程中的内部、外部监督机制。

7.3 以技术为核心优化农产品营销渠道

农产品营销中的纵向一体化规制能够实现农产品各个流通环节的连接，在现实中一体化的程度不同，有完全纵向一体化、纵向协作等形式。在本研究中所论述的纵向一体化规制所匹配的农产品交易形式有生产与流通规模大、专用性资产投入高的特点。根据新制度经济学理论，纵向一体化规制也被称为公司规制，是与完全竞争市场规制相对应的另一极，具体在我国的农产品营销领域，可以认为纵向一体化规制包括了农业生产环节的龙头公司，流通环节中的大型农产品批发公司、连锁生鲜超市等，这些公司或自上游向下游进行一体化，或从下游向上游一体化，目的都是建立起高效的、具有掌控力的营销渠道以降低交易成本。

如前文所述，市场规制在当前我国的农产品生产与流通领域中已经面临着危机，原子化的农民与小商贩无力进行农产品的大规模、标准化流通，因此需要通过诱致性与强制性的制度变迁转型升级为更加符合高生产流通量、高专用性投资的规制结构，其中一个选择就是采用纵向一体化规制来替代市场规制。可以说，农产品的季节性、易腐性等特点在客观上需要批量生产和专用性投资，纵向一体化规制符合这种规律。因此，我国政府目前已经对农产品生产和流通公司有了相当程度的重视和扶植，事实上当前我国公司资本已经开始大规模进入农业领域，在多数农业大省已经开展了相当程度的资本投入，同时政府也积极进行政策和金融上的扶植，培育出了众多地方性的农业生产与流通公司，可以说涉农公司与合作组织一起，成为中国转型发展现代农业最重要的两股力量。在当前中国农产品营销中的纵向一体化规制发展道路上，政府已经起到了相当重要的作用，但同时又出来许多值得重视的政策弊端，本研究认为应当重视以下工作：

7.3.1 加大基础设施投入与建立信息服务平台

由于我国社会长期的二元化结构导致农村基础设施投入不足，这是影响农产品生产流通和农村发展的一个障碍，政府必须加大农村基础设施建设，尤其是交通运输、信息通信和金融服务等方面的建设。政府部门应该推动农村水电交通等基础设施建设，鼓励兴建农产品批发市场，完善农产品物流配送，降低农产品营销成本。农产品信息平台对农产品生产流通的影响非常大，单个的农户或农业合作社无力进行农产品信息的收集及整理工作，农产品信息平台的缺乏使得农产品的生产和流通有很大的盲目性。近年来，农产品价格波动大、农业政策调整频繁让农业生产流通主体利益受到很大的影响。因此，有必要建设以政府为主体的权威规范的农产品营销平台以提高农产品信息收集、整理、分析和发布的效率。政府还应该积极推动地区甚至全国统一的农产品信息平台的建设，通过多层次的信息互联互通构建起农产品信息协作的机制以解决单个农业合作社所面临的信息不畅通的困境。

7.3.2 增加农业技术投入与培育特色化农业产业

市场规制的农产品生产与流通之所以能够长期存在，是因为受到了土地规模、劳动力数量及质量，以及资金的限制。那么地方政府在政策的制定过程中应当考虑引导和扶植农业生产者进行专用性资产投资的能力。首先，从事小规模生产的农户面临市场和自然风险时往往不愿种植新品种，地方政府综合考虑市场行情和当地的自然特点，倡导种植具有当地优势和潜在市场竞争力的作物，以乡镇和农村当地的能人大户为依托，进行技术、资金和基础设施建设的帮扶，力求形成示范作用。进一步地，引导小规模生产的农户参与土地流转或合作组织，加强农业生产的组织化和规模化程度，形成地方特色的农产品品牌。在这个过程中，地方政府应当注意农产品品种的选择要符合当地情况，不提倡一刀切式的行政命令，而是要采取渐进和示范性的新品种推广，并且应当提前考虑在遭遇市场风险时对种植农户的保障问题。另外，在农业生产的贷款发放以及农业补助的提供过程中，应当注意评估农户的信用，建立起涵盖范围较广的农村信用评估体系，简化农民申请贷款行政流程，同时避免在贷款和补助发放过程中出现的寻租问题。

7.4 以需求为导向创新农产品营销渠道

7.4.1 鼓励涉农电商创业与推动产业转型升级

随着近些年我国电子商务的快速发展，农产品营销中的电商成为了重要的流通主体，电商平台也成为众多公司进行农产品销售的渠道。特别是在广大农村地区，掀起了一股电商创业的热潮。新一代的创业主体具有相对较强的知识和技能，有能力选择网络平台进行创业，而电商凭借其进入门槛低、增长性高、地域限制低等优点，在特色农产品的销售或搭建物流配送平台等方面发挥着显著的带动作用。已有的具有相当规模的涉农公司也纷纷在电商的热潮中开展业务，成为了优化营销渠道、获取更多利润的有力手段。可以说，研究农产品营销渠道中的公司规制中，电商已成为不能回避的话题。鉴于电商平台已经成为农产品营销渠道中公司（尤其是小公司）、创业者和消费者共同活跃的领域，地方政府应当对涉农电商创业加以充分的重视，并发挥自身连接创业主体与外来资本的中介优势，努力加以扶植并保证电商平台创业、创新的良好发展态势，加速农业产业化、倒逼农产品标准化，最终带动农业生产领域的全面转型升级。涉农电子商务的扶植政策在近些年的覆盖面和力度已经越来越大，在投入专项资金、建设基础设施和搭建平台等方面进行了大量的工作。在扶植涉农电商的过程中，本研究认为地方政府应当把握两个重点：其一是重视基础设施建设。农业领域的电子商务对于基础设施建设，包括交通、电力和宽带铺通都有着相对较高的要求，而目前农村地区的基础设施条件并不能完全满足，也限制了电商下乡的范围。从2016年淘宝村的省级分布情况就可以看出，淘宝村仅在经济发达地区的东部沿海较为密集。其二是做好平台搭建者与创业者的中介工作。涉农电商的创业模式通常是在现有的成熟网络平台上开展的，因此，地方政府应积极与这些成熟的平台进行深入合作，提供涉农电商的综合服务体系，例如，与淘宝、京东、苏宁等平台建立的农村电商服务站，同时进行农村电商所不可或缺的快递、仓储、营销等方面的服务人员培训工作。

7.4.2 激活涉农公司活力与创新农产品营销模式

有学者认为，目前中国制度下农村最为稀缺的资源是企业家与金融要素。而2017年中央的一号文件中也提及了农业、农村发展的“内生动力”，即培育农村的企业家要素。事实上，在当前我国的农产品营销体系中，农产品的生产环节始终面临着小生产与大市场之间的矛盾，而缺乏组织化程度高的农业生产主体是重要的原因。因此政府为了激活农业生产的创新主体，开发农村的公司家资源，吸引人才回乡、下乡创业，应当从创造良好的政策与金融环境着手。首先，现阶段我国的农村劳动力的回流已经开始增加，除了传统的农村能人以外，返乡的大学生、农民工、退役士兵人群成为了农村企业家诞生的土壤，另外包括大学生村官等具有较高学历、技术的、群体的下乡创业也成为新一轮农村创业集体的现象。在这样的背景下，地方政府为了支持涉农创业集体，应当开展一系列的政策创新，形成支撑乡村创业的政策体系。例如降低返乡创业的门槛的政策，落实定向减税和普遍性的降费、搭建创业平台、完善创业园支持政策、鼓励发展涉农高新技术公司、建立完善“绿色通道”、开展创业培训等。其次，培育农村创业的主体，不仅要优化政策环境，更重要的是要在融资方面给予帮扶。当前我国的农业领域资本投入明显增加，随着农业产业化程度的提高，农村成为了建设的热土。但除了农村外资本的投入，培育农村内生的创业主体仍然面临着资金不足的问题，因此地方政府应当继续加大改善金融服务的力度，推进包括融资担保、扩大抵押物范围、财政贴息等工作来解决返乡、下乡人员创业融资难的问题。具体来说，在落实土地承包经营权的基础上，推动农业设施、农机以及土地经营权的抵押贷款试点工作，同时建立起农村信用信息的评估体系，包括农户、合作社以及公司的信用信息，同时要建立依托农村的产权交易中心，为承包权和经营权的抵押贷款降低风险。

8
结论与不足

8.1 结论

党的十九大报告明确指出：“中国特色社会主义进入了新时代……我国社会主要矛盾已经转化为人民日益增长的美好生活需要和不平衡不充分的发展之间的矛盾。”而本研究所研究的农产品营销渠道变迁问题，多方位地体现出这种矛盾。特别是2016年以来国家玉米临储政策的调整，使长期以玉米生产流通为主的农户和公司受到了很大的冲击，如何进行农产品供给侧结构性改革，适应新时期环境的变化，使发展不平衡不充分的农产品营销渠道走向现代化、集约化、规模化、产业化是本研究的研究重点。本研究借鉴了“政治-经济”分析框架和新制度经济学的制度变迁理论，并在此基础上进行了拓展和发展以期更加全面地研究农产品营销渠道问题。

第一，本研究将农产品营销渠道的变迁历程进行了划分，分为计划经济时期的农产品营销渠道发展轨迹、转轨经济时期的农产品营销渠道发展轨迹、双轨制时期的农产品营销渠道发展轨迹、市场化改革时期的农产品营销渠道发展轨迹，从而更加清晰地梳理出农产品营销渠道的发展脉络；同时，本研究也对当前农产品营销渠道的发展现状进行了描述，通过对农产品营销的市场规模、整体状况、成本情况及主体情况进行描述，从而发现了当前我国农产品营销渠道存在的问题，如农产品营销渠道的主体组织化程度低、现代化服务水平差等诸多问题。

第二，本研究在“政治-经济”分析框架基础上进行了拓展和创新，将技术进步和消费者购买模式的改变引入本研究的分析框架中，同时阐明了“政治-经济”框架中缺失的外部政治、经济要素影响营销渠道的机理，并且通过实地调研发现外部政治要素（公共政策）为寻求更低的政策成本，通过改变农产品营销渠道内部政治要素（渠道权力）引发了制度均衡的被打破进而造成渠道变迁；外部经济要素（渠道垂直和水平市场）发生了变化，由完全垄断、完全竞争、垄断竞争向着寡头垄断的方向演化，这种市场结构影响了渠道内部经济要素（交易和生产成本）从而造成渠道变迁；技术和需求要素二者的关系被速水-拉坦模型所阐明，在需求要素发生变迁的情况下，农产品营销渠道中不同主体的技术要素的投入激励发生了改变。为了避免技术投入引发专用性资产套牢问题，渠道主体进行了一体化进程最终引发渠道变迁。

第三，本研究融合了“政治-经济”分析框架及制度变迁理论，探讨引发农产品营销渠道变迁的动力机制及变迁路径，认为政府公共政策对农产品营销渠道的变迁起到引导作用，消费者购买模式的变化对农产品营销渠道变迁起到驱动作用，技术进步和基础设施的投入对农产品营销的渠道变迁起到支撑作用，农产品的水平市场及垂直市场的竞争状况对农产品营销的渠道变迁起到约束作用。在此基础上，本研究以内蒙古自治区TL市和辽宁省CT市两个地区的农产品营销渠道变迁状况作为典型案例，发现在农产品营销渠道的变迁过程中，内外政治要素所引发的变迁具有新制度经济学理论中强制性变迁的特点；而内外经济要素和技术-需求要素所驱动的渠道变迁具有诱致性变迁的特点。两个典型案例所表现出的农产品营销渠道变迁过程及效果证明了单纯的诱致性或强制性变迁都有自身的不足之处（如强制性变迁顶层设计失灵、耕种政府的寻租行为；诱致性变迁的有效制度供给不足问题），有效的制度变迁应当是诱致性与强制性变迁协同的过程。

第四，本研究就如何完善我国农产品营销渠道提出相应的政策建议，分别是以市场为基础发展农产品营销渠道，以政策为支撑完善农产品营销渠道，以技术为核心优化农产品营销渠道，以需求为导向创新农产品营销渠道。本研究认为政府加大对农产品营销渠道的基础投入，培养适应新环境的营销人才，推出鼓励营销渠道规模化、产业化、网络化的各项政策是农产品营销渠道变迁的关键。

8.2 研究不足

受限于知识背景和研究时间，本研究存在着以下不足，需在今后深入研究中加以弥补。

其一，研究视角存在不足，本研究主要采用宏观营销学的渠道理论及变迁理论从政治经济技术等角度去分析了农产品营销渠道的构成及变迁问题，对社会化角度文化习俗等方面的影响研究不够。

其二，研究方法存在局限。本研究借鉴“政治-经济”分析框架及新制度经济学的制度变迁理论，重视田野调查及具体案例分析，以外部经济、内部经济、外部政治、内部政治、技术进步与诱致性变迁与强制性变迁融合的视角对农产品营销渠道的变迁的影响因素及机理进行了分析。但该研究在实证层面缺乏定量数据的支撑，在保障研究深度的基础上应当采用定量研究方法确保研究结论的代表性。

其三，研究内容存在不足。本研究主要从宏观层面对农产品营销渠道的影响因素及变迁机理和路径进行了分析，缺乏对具体的营销主体、渠道模式、渠道环节进行微观层面的分析。

参考文献

[1] 马歇尔. 经济学原理［M］. 朱志泰，陈良璧，译. 北京：商务印书馆，2019.

[2] 威廉姆森. 资本主义经济制度［M］. 段毅才，王伟，译. 北京：商务印书馆，2004.

[3] 芮明杰，刘明宇，任江波. 论产业链的整合［M］. 上海：复旦大学出版社，2006.

[4] 罗森布罗姆. 营销渠道管理［M］. 李乃和，奚俊芳，等译. 北京：机械工业出版社，2003.

[5] 张东刚. 消费需求的变动与近代中日经济增长［M］. 北京：人民出版社，2001.

[6] 陈文玲. 流通理论的研究与探索［M］. 北京：社会科学文献出版社，2000.

[7] 诺思. 经济史中的结构与变迁［M］. 陈郁，罗华年，译. 上海：上海三联书店；1994.

[8] 海，莫瑞斯. 产业经济学与组织［M］. 钟鸿钧，王勇，等译. 北京：经济科学出版社，2001.

[9] 韩喜燕. 农产品流通组织化研究［M］. 北京：中国社会科学出版社，2015.

[10] 纪良纲，刘东英. 中国农村商品流通体制研究［M］. 北京：冶金工业出版社，2006.

[11] 黎元生. 农产品流通组织创新研究［M］. 北京：中国农业出版社，2003.

[12] 林毅夫. 再论制度、技术与中国农业发展［M］. 北京：北京大学出版社，2000.

[13] 罗必良，李孔岳，等. 农业产业组织：演进、比较与创新［M］. 北京：中国经济出版社，2002.

[14] 罗必良. 经济组织的制度逻辑［M］. 太原：山西经济出版社，2000.

[15] 马凯，曹玉书. 计划经济体制向社会主义市场经济体制的转轨［M］. 北京：人民出版社，2002.

[16] 牛若峰. 农业产业一体化经营的理论与实践［M］. 北京：中国农业科技出版社，1998.

[17] 博尔顿，德瓦特里庞. 合同理论［M］. 费方域，蒋士成，郑育家，译. 上海：格致出版社，2008.

[18] 威廉姆森，马斯滕. 交易成本经济学［M］. 李自杰，蔡铭，译. 北京：人民出版社，2008.

[19] 魏国辰，肖为群. 基于供应链管理的农产品流通模式研究［M］. 北京：中国财富出版社，2009.

[20] 夏春玉. 中国农村流通体制改革研究［M］. 北京：经济科学出版社，2009.

[21] 向国成，韩绍凤. 小农经济效率分工改进论［M］. 北京：中国经济出版社，2007.

[22] 徐忠爱. 公司与农户契约选择与履约机制研究［M］. 北京：中国社会科学出版社，2007.

[23] 杨小凯，张永生. 新兴古典经济学与超边际分析［M］. 北京：社会科学文献出版社，2003.

[24] 郁义鸿，管锡展. 产业链纵向控制与经济规制［M］. 上海：复旦大学出版社，2006.

索引